本書の出版にあたり、
全国の書店員さんから推薦をいただきました。

こんなに**私小説みたいな書評**は初めて。友達と本の話をした後みたいな読後感。
知人を家に招くたび、本棚で岩波の白を目立たせる自分は死ねばいいと思いました。
本な[illegible]ても死にはしないけど、この人はきっと死んじゃう。
「本[illegible]の本みたいなことだと思う。
世[illegible]た！

[illegible]PI 推進プロジェクト　谷口尚

[illegible]を仕事にしてみても良いかな」と書店員になることを選んだのは、本に人生を狂わされたからなのか…と思いました。家に帰ったら今まで読んだ本を読み返して「人生を狂わすこの一言」を見つけてみたいです。本好きによる本好きのための本。**きっとこれを読んだら、また本が好きになる。**

大垣書店神戸ハーバーランド umie 店　杉村舞子

[illegible]愛するのに年齢は関係無い。
[illegible]を証明して見せた、
[illegible]を豊かに狂わせる一冊。

大垣書店高槻店　井上哲也

正直、三宅さんの本 LOVE の人生に対して僕なんかの薄っぺらい本読み人生のコメントは……って思います。笑　でも、彼女の真っ直ぐさが少しでも世の中に届くのであればと思い、恥を忍んでコメントを寄せてみます。
「完全にバカな男に引っかかった女の子（本文より）」がオススメする本を読んでみたい！　若いっていいですね。こんなに全力で薦められたら読みたくなるじゃないか！　**書店員人生 20 年弱。読んでない本がいっぱいだ。恥ずかしいけど三宅さん、凄い！** 文章に、いのちを感じました。

ウィー東城店　佐藤友則

本への愛がすごすぎて、
読みながら思わず笑ってしまった。
「あなた（本）をわかりたい」・・・うん、わかるなぁ。
ほんと著者へのラブレターと言っても良い。
ぜひその中から、気になる一冊を見つけてほしい。

ジュンク堂書店鹿児島店　坂之上朝美

Tokyo
Tokyo
Tokyo

人生を狂《くる》わす名著50

著：三宅香帆（京都天狼院）
絵：今日マチ子

この本の使い方――ライツ社　編集部より

この本は、**『京大院生の書店スタッフが「正直、これ読んだら人生狂っちゃうよね」と思う本ベスト20を選んでみた。《リーディング・ハイ》』**というタイトルで「天狼院書店」のウェブサイトに掲載され、２０１６年、年間はてなブックマーク数ランキングで第2位となり、多くの反響を呼んだ選書リストをもとに書かれたブックガイドです。

著者である、三宅香帆さんは言います。

『「狂う」って、「世界の規範から外れる」ことだと思うのですが、どうしても社会や世界に流されることのできなくなる本たちを選んでみました』。

左記にまとめたのは、この本の構成です。

著者によって選書された50冊と、読んでくださった方との出会いがよりスムーズになるよう、読みたいと思った本をすぐにお求めいただけるよう、構成いたしました（ご紹介する本はすべて、絶版ではなく現在も購入していただける本です）。

それでは、しばしの間、人生を狂わす名著の世界を巡る旅をお楽しみください。

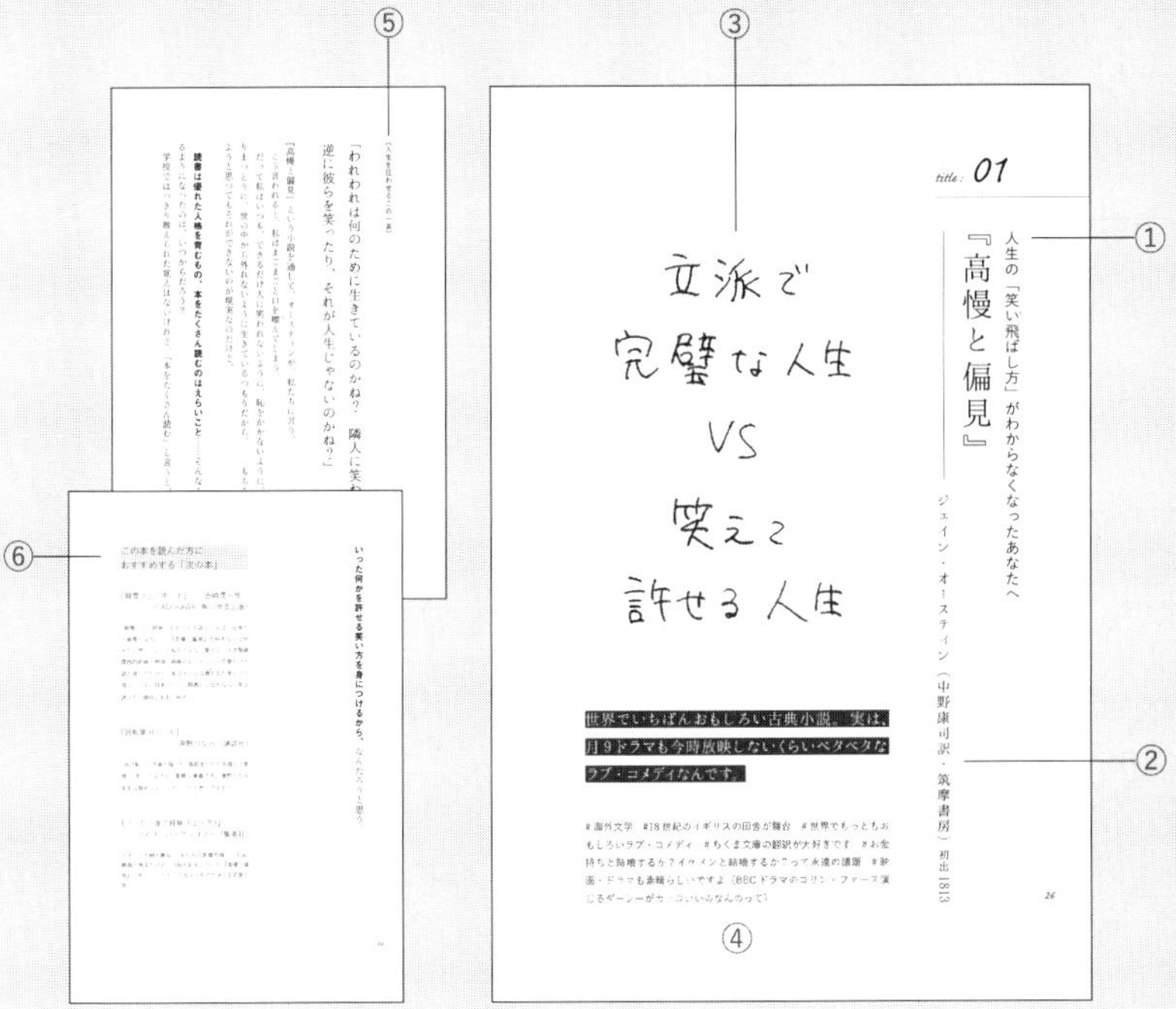

①〇〇な人へ
どんな方におすすめの本なのか、一目でわかるよう記載しました。

②書誌情報
読後にお求めいただきやすいよう、もっとも手に入りやすい出版社（2017年8月現在）を記載しました。※年号はその本の初出の年です。

③〇〇VS〇〇
この本のテーマです。読むと、どんな価値観や規範が狂わされるのかが、著者の手描きで書かれています。

④ハッシュタグ
何か一言でも読みはじめの参考になればと、本のジャンルや予備知識を羅列したものです。

⑤人生を狂わすこの一言
ご紹介する本の中で、著者がもっとも狂わされたフレーズです。

⑥次の本
50冊の本をお読みいただいたあとにも、迷わずにずっと本を読み続けてもらいたい。そんな思いで、「次」に読むのにおすすめな本をご紹介させていただきます。

私（あなた）
vs
本（作家）

まえがきにかえて——人生が狂うってどういうこと？

あなたは、本を読むこと、好きですか？　私は、本を読むことが好きです。だけど読書が趣味かと言われると、すこしだけ首を傾げてしまいます。毎日本を読んでいるけど、これが趣味かと言われても、ピンと来ない。趣味って、もっと楽しくて気楽なもんじゃないかなって。

——じゃあ読書ってあなたにとって何なの？　そう聞かれると、私はこう答えます。

私にとって、読書は、戦いです。

……今、ちょっと笑いました？　いや、本当ですよ。私は大真面目に言っているんですよ。私にとって、本を読むことは、自分の人生を賭けて戦うこと以外のなにものでもないです。……よくわかんないこと言い出したと思われそうなので、説明のためにすこし自分の話をさせてください（個人的な話で恐縮です）。

＊＊

私は小さい頃から絵本や物語に触れることが大好きで、読書はいちばんの現実逃避方法でした。

本を読めば、違う人間になることができる。うっとりするような世界に自分も入ることができる。めんどくさくて思いどおりにいかなくて怖いことだらけの現実や自分と違って、本の世界は、安全で、深くて、楽しい。

が、そのまま本が好きな大人になり、あるときふと気がついたのです。

「あれ、私の現実の人生、本によって狂っちゃってない……?」

人生を振り返ると、自分で思いもよらなかった選択をするとき、いつも傍らには本がありました。

たとえばある本をきっかけに、将来の仕事がないと言われる学部への受験を決めたり。ある本についてもっと知りたくなって、就職活動をやめ、大学院への進学を決めたり。

待って、私の人生のレール、どこ!?

不思議です。

私はあんなに「現実」から離れたくて本を読んでいたのに、いつのまにか、読んだ本によって、「現実」そのものを変えられてしまっているようなのです。

なぜ？　いつのまに、現実と本が交差したのだろう？

私がこの疑問の答えを知ったのは、『アフターダーク』村上春樹（講談社）という小説を読んだときでした。

――三人の若い兄弟が嵐に流され、ハワイのある島にたどり着いた。高い山が中央にそびえ立つ、美しい島。その晩、三人の夢の中に、神様が現れる。

「海岸に三つの岩があるから、その岩をそれぞれ転がして、好きなところへ行きなさい。どこまで行くかは自由だけど、高い場所へ行けば行くほど、世界を遠くまで見わたすことができる」。

翌朝三人は言われたとおり岩を転がし、進んだ。けれどそれはとても大きく重い岩で、坂道となると転がしてゆくのはさらに大変なことだった。

最初に、いちばん下の弟が止まった。「兄さんたち、俺はもうここでいいよ。ここなら魚もとれる」。続いて、次男が山の中腹で止まった。「兄さん、俺はもうここでいいよ。ここなら果実も豊富にある」。長男だけが、どんどん狭く険しくなる道をほとんど飲まず食わずで進み、とうとう山のてっぺんまで岩を押し上げた。長男は山の頂上から世界を眺めた。彼は、誰よりも遠くの世界を見わたすことができた――が、彼がたどり着いたその場所は、荒れ果て、水も食べ物も十分にない場所だった。だけど長男は後悔しなかった。彼は、世界を見わたすことができたから……。

『アフターダーク』の中で、この話から得られる教訓は、と主人公が続けます。

「何かを本当に知りたいと思ったら、人はそれに応じた代価を支払わなくてはならない」

「ハワイにまで来て、霜をなめて、苔を食べて暮らしたいとは誰も思わないよな」「でも長男には、世界を少しでも遠くまで見たいという好奇心があったし、それを押さえることができなかったんだよ。そのために支払わなくちゃならないものがどんなに大きかったとしてもさ」

＊＊

本は、この話の「神様」によく似ています。

本はいつも「ここまで来れば、こんな世界を見られるよ」と教えてくれます。その世界を、とても詳細に、魅力的に。

だけどそこへ自分がたどり着くのは、現実世界では、案外きつい。

正義のヒーローの話はおもしろい。主人公が成長する話はかっこいい。だけど、自分が現実でヒーローになったり成長したりするにはそれなりの苦労と時間が必要です。哲学書を読むのは楽しいけれど、本当の意味でそれを理解するには、積み上げた知識を必要とします。

ふつうはそんな苦労したくない。現実と物語は違うし。

だから私は小さい頃、「そうか〜そんな世界もあるのか〜いいな〜」って微笑みながら本を読んでいたんですよね。神様に、その世界の風景を魅力的に語ってもらうだけ。

だけど、怖ろしいことにたまに「運命の神様」に出会うことがあります。

それはもう、運命の人に出会うみたいなもので。うひゃあって声が漏れてしまうような、世界でいちばん素晴らしい物語に――怖ろしく魅力的にその頂上の景色を語る、「こっちおいで」って囁く神様に、出会うことがあります。

そのとき、私は戦います。その神様と。

「いや、私は人生こう生きてるんだから！　簡単にこの場所から動いたりしないんだから！」

「ハワイに来てまで岩転がしてたまるかっコスパ悪いんじゃっ！」

私は人生を賭けて、神様の誘惑と戦うんです。「あなたに私の人生、変えられてたまるかー!!」って叫びながら。

だけど。

負けるときは負けます。その本にどうしようもなく引っ張られてしまうときがあります。惚れたもん負けです。あ〜〜私の負けです。わかった、惚れました、って全面降伏。


こうなってしまえば私の人生はその本のものです。その本をもっともっと理解したくなるし、その本に背くような人生は送りたくない、って思っちゃう。

私も、あなたが言うことをもっとちゃんと知りたい。

あなたが見た景色を見てみたい。

それがたとえ、重い岩を狭い坂道で転がしてゆくことであったとしても。

あなたのところまで行ってみたい、って。


本に人生狂わされる、ってつまりはこういうことだと思うんです。

まともで快適な場所を離れるのはきついけど、でも、その本を愛しちゃったからしょうがないですよね。

完全にバカな男に引っかかった女の言い分ですが、今さらその恋を見過ごすことなんてできないし。だって、自分に嘘つくことになっちゃうもの。

私は誠心誠意、その本を理解するために、そんな本を愛するために生きるのです。

**

ここまで読んでくださってありがとうございます。

今言ったような読書人生を送ってきた大学院生兼書店員ですので、これから本をご紹介したいんですけど、ええ、絶対読め、なんて口が裂けても言えません。

というか言っておきますが、本を本気で好きになったら、バカな男に引っかかったバカな女になる（※あくまで比喩）可能性も増えるし、まっとうで快適な人生を手放す可能性が増えます。世界の読書推奨人たちはそのことをわかってんのか、と私はたまに苦笑します。

……とはいえ、だけど、でも、叫ばずにはいられない。

「この本、おもしろいよ〜〜〜！」って。

だって、どんなにまともさを手放しても、人生狂っちゃうくらいおもしろい本に出会えることは幸せなんだもの。

長い前置きになりました。

役に立つとか立たないとかよりも、もっともっと大きな、遠くを見させてくれる存在として、「本」に触れていただけたなら。これから生きてくけっこう大変な人生を、一緒に戦ってくれるような本を、見つけていただけたなら。

私としては、これ以上幸せなことはありません。

一緒に、本を、物語を愛して生きていきましょうねっ。

三宅香帆

目次

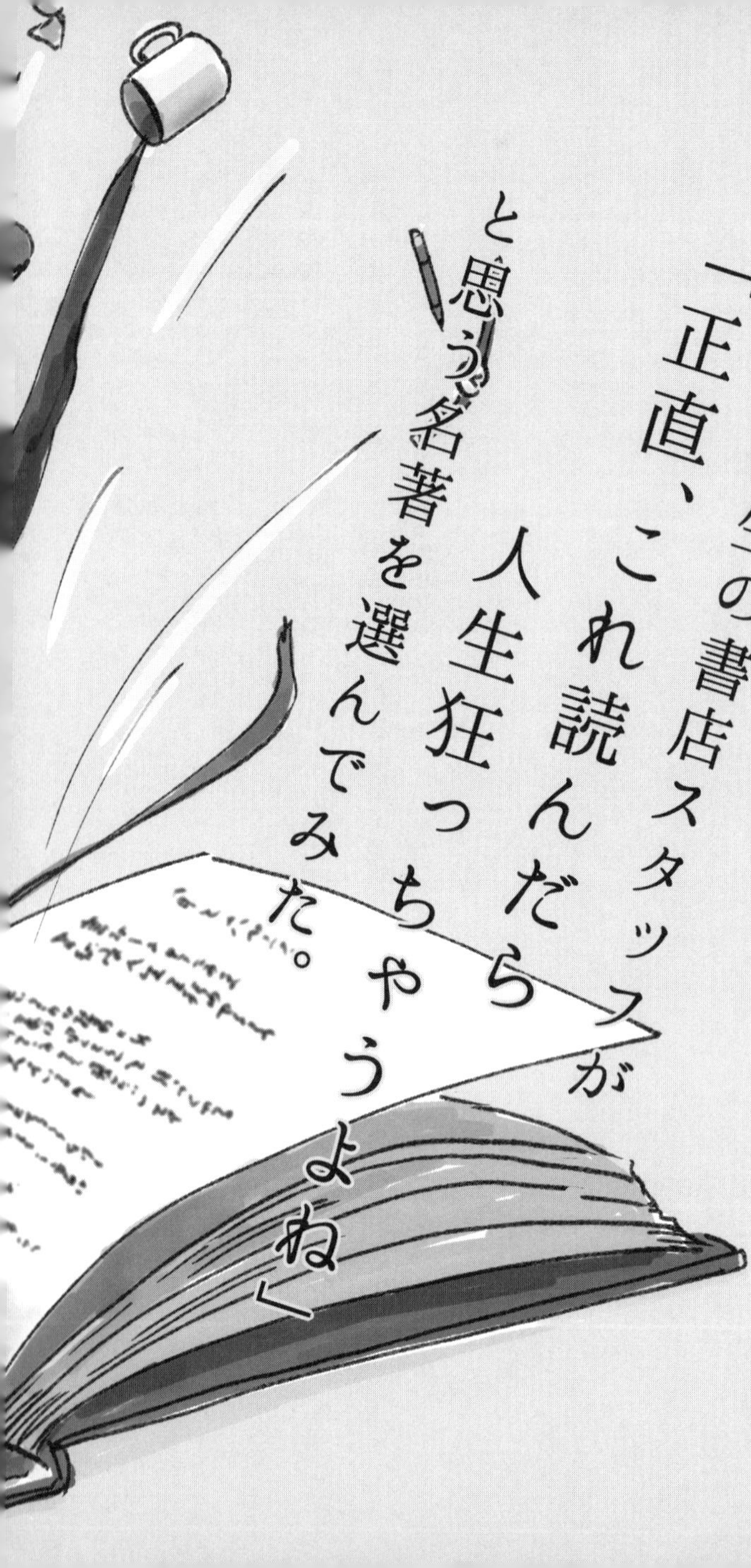

京大院生の書店スタッフが
「正直、これ読んだら人生狂っちゃうよね」
と思う名著を選んでみた。

title: 01

人生の「笑い飛ばし方」がわからなくなったあなたへ

『高慢と偏見』

ジェイン・オースティン（中野康司訳・筑摩書房）初出 1813

文脈で完璧な人生VS笑えて許せる人生

世界でいちばんおもしろい古典小説。実は、月9ドラマも今時放映しないくらいベタベタなラブ・コメディなんです。

海外文学　#18 世紀のイギリスの田舎が舞台　# 世界でもっともおもしろいラブ・コメディ　# ちくま文庫の翻訳が大好きです　# お金持ちと結婚するか？イケメンと結婚するか？って永遠の議題　# 映画・ドラマも素晴らしいですよ（BBC ドラマのコリン・ファース演じるダーシーがカッコいいのなんのって）

《人生を狂わせるこの一言》

「われわれは何のために生きているのかね？　隣人に笑われたり、逆に彼らを笑ったり、それが人生じゃないのかね？」

『高慢と偏見』という小説を通して、オースティンが、私たちに言う。

こう言われると、私はまごまごと口を噤《つぐ》んでしまう。

だって私はいつも、できるだけ人に笑われないように、恥をかかないように、可能なかぎりまっとうに、世の中から外れないように生きているつもりだから。——もちろん、そうしようと思ってもそれができないのが現実なのだけど。

読書は優れた人格を育むもの、本をたくさん読むのはえらいこと……そんなふうに言われるようになったのは、いつからだろう？

学校ではっきり教えられた覚えはないけれど、「本をたくさん読む」と言うと、ほめられることが増えた。

優れた精神、品格のある人間性、教養深い知性。読書、ことに「古典」と呼ばれる本を読むことはそんな立派な人間になるための手段なのだ、と言われることがある。「19世紀のイギリス小説が好き」と言うだけで、教養があって難しいことを知っている人だ、と思われることがある（実際はそんなことないけど）。

たしかに知識があって優しい人に好きな本を聞くと、古典と呼ばれる本を挙げることがあって、わーやっぱり、と期待を裏切らないチョイスに歓声をあげるときもある。

しかし、私は思う。別に「古典」と呼ばれる作品を読むことは、立派な人間になることにつながるわけではない。

違う。逆だ。

古典と呼ばれる作品は、**いかに人間が立派でないか、立派になることができないのか、を教えてくれるから古典たり得る。**

そしてそんな古典を読んだ人は、いかに人間が立派でないかを知るから、それを知らない人よりもちょっとほかの人にやさしくなることができるのだ。

この『高慢と偏見』という小説。18世紀のイギリスが舞台で、舞踏会とティータイム、富豪の跡取りと結婚適齢期の女性が出てくる物語だ。

基本的に「古典」「名作」と呼ばれる類の文学なのだけど、現代日本にいる私たちが読んでもけらけらと笑える。ほんっとーにおもしろい小説なのだ。ちなみにあの夏目漱石大先生も絶賛している。

しかし**ここに描かれているのは、ご立派な訓示でも生死を巡る葛藤でもない。**

描かれるのは「結婚させたい親と、結婚したい娘さんと、その相手となるかもしれない男の人」という、**月9ドラマも今時放映しないくらいベッタベタなラブ・コメディ**なのだ。

たとえばこの会話を読んでほしい。田舎に住み、頭はいいが美貌は持っていない主人公エリザベスと、そこへ越してきた愛想のないお金持ちの青年ダーシーが話す場面。


「初対面の人と気軽に話せる人がいますが、ぼくはそういう能力に欠けているんです」とダーシーが言った。「みなさんみたいにうまく調子を合わせられないし、相手の話に関心がありそうな顔ができないんです」

ダーシーの発言に対し、エリザベスはこう返す。

「あら、それなら私の指と同じですわ」とエリザベスが言った。「はじめてのピアノで上手にお弾きになる方がいますけど、私の指は、はじめてのピアノだとうまく動いてくれません。力も速さもいつもの調子がでないし、表現力もいつもみたいにいきません。でもそれは、自分が悪いのだと思っています。私も面倒なことが嫌いで、練習をしないからです」

このエリザベスの切り返し!! 私は思わずにやにやと笑ってしまう。やられたな〜ダーシー! こんなふうに返されては、「うげっこの女……」と黙るしかないじゃないか。

それから、こんな場面。近所にお金持ちの青年が越してきた! という噂を聞きつけた、主人公たちの母親、父親の会話だ。


「名前は?」

「ビングリーさん」

「もう結婚してるのかね? まだ独身かね?」

「何言ってるの! 独身に決まってるじゃないの! 大金持ちの独身青年よ。年収四、五千ポンドは固いわね。うちの娘たちにチャンス到来だわ!」

「うちの娘? うちの娘とどういう関係があるのかね?」

「まったくもう！　ビングリーさんとうちの娘が結婚するかもしれないってことですよ！」
「ほう、その青年は花嫁探しが目当てで引っ越してくるのかね？」
「まあ、目当てだなんて！　変な言い方はやめてください！　でも、ビングリーさんがうちの娘と恋に落ちる可能性は大いにあります。ですから、あなた、ビングリーさんが引っ越してきたら、すぐにごあいさつに行っていただきたいの」
「いやいや、そんな必要はないだろ。おまえと娘たちで行けばいい。それとも、娘たちだけで行かせればいい。いや、そのほうがいい。娘たちよりおまえのほうが美人だから、ビングリーさんがおまえに惚れたらたいへんだ」

もうここを読むだけで、思い込みで突っ走って娘たちの結婚に奔走する母ちゃんと、その母ちゃんをいなす引き気味の父ちゃんの姿が見える。

私は18世紀に書かれた会話ってことを忘れ、おいおいそんなに突っ走ってどーすんだ君たち、と笑いながら、そんで結婚は結局どうなるの！　とハラハラしながらページをめくる。

そして読み終わって気づく。

『高慢と偏見』に出てくる登場人物には、誰ひとりとして「完璧な人」がいない。

母親も父親も、ヒロインもヒーローも、どこか「おいおい」とツッコみたくなるような隙がある。**作家オースティンのまなざしは、登場人物全員を平等に「恥ずかしい人」として笑う。**

寡黙でお金持ちのヒーローは、ただカッコいいわけではなく、主人公にやり込められてしまう（ネタバレだけど一世一代の告白をするのに振られるんですよこいつ……）し、主人公もまた、彼との初対面で「見た目がそんなに美しくない」と一蹴され（女としてこれ以上の屈辱あります!?）、結局その思い込みと偏見であらゆる誤解を抱えてしまう。彼女の母親、父親に至ってはどう考えても突っ走りすぎである。

うーん、みんな恥ずかしい人ばかり。その恥ずかしさを、オースティンはユーモアをもってまなざす。「わぁこの人間違えた！」と笑いながら、根本的なところで愛をもって。

これって、案外、できないことだ。

「いかに自分を立派に見せるか」「いかに幸せな人生を送るか」なんてとこばかりに注目していると、いつの間にか許せないことが増え、私たちは**「人間の失敗を、ユーモアをもって微笑む」ことを忘れる。**

だけど母親の過剰な心配性も、父親の辛辣さも、友人の激しい思い込みも、男の人が自分をたいしてきれいだと思わないことも、けらけらと笑い飛ばすことで、それは人間としてのおもしろさに変わる。

そして自分にもまたそういう一面があることを知り、うう恥ずかしい、と呻きながら、誰かや自分の不完全なところを許すことができるようになる。

そりゃ、程度の差はあるけれど、結局この世には「ものすごく悪人」も「ものすごく善人」もあまりいなくて、みんなあるときは善人だったりあるときは悪人だったりするだけだ。人は間違えたり、妙なプライドを持ったり、思い込みで誤解したりする。

みんな、生きているだけで、笑えるくらい恥ずかしい存在なのだ。オースティンの小説を読むと、そんなふうに思えて元気が出る。

素晴らしい小説を読むと、人間の「立派じゃなさ」に気づく。

まぁ結局、男も女も総じてバカだ。だけどバカだからこそ愛せるしおもしろいのだ、人間は。オースティンを読むと、健全なバランスをもって「まぁ人間いいところもあればわるいところもあって、そういうもんだよな」と世界を見ることができるようになる。

理想ばかりを見るのでもなく、だけど現実から目を逸らすのでもなく。たはは、と笑いながら、私たちは現実を生きていける。

小説によって養われる知性とか教養というものが人を豊かにするとすれば、きっと、そう

いった何かを許せる笑い方を身につけるから、なんだろうと思う。

この本を読んだ方に おすすめする「次の本」

『細雪（上・中・下）』　谷崎潤一郎（KADOKAWA/ 角川学芸出版）

「結婚」と「姉妹」をめぐる小説といえば、日本だと細雪だよねーっ。『高慢と偏見』が好きな人は好きだと思う（よって私もこよなく愛する）上流階級関西四姉妹の物語。姉妹のおしゃべりと恋愛だけで話が進むのだけど、実はそこには喪《うしな》われた美しさが潜んでいる。日本（とくに関西）に住むなら一度は読みたい傑作。ああ、好きっ。

『回転銀河(1)〜(6)』　海野つなみ（講談社）

「逃げ恥」の作者が描いた、高校生たちの多様な「愛情」。笑えて泣ける、素敵な漫画です。海野つなみ先生は現代のオースティンだと思ってます！

『ブーリン家の姉妹（上・下）』　フィリッパ・グレゴリー（集英社）

イギリス王朝を舞台に、女たちの愛憎を描いた小説。映画が有名だけど、小説もおもしろい！『高慢と偏見』と同じく、イギリス式ユーモアが冴える恋愛小説。

title: 02

世に溢れかえる承認欲求にうんざりしているあなたへ

『フラニーとズーイ』

J・D・サリンジャー（村上春樹訳・新潮社）初出1961

世間から
引き込もる

VS

世間と戦う

止まらない自己愛や承認欲求との距離の取り方を教えてくれる、アメリカ大学生の青春文学。

#アメリカ文学　#青春文学　#大学生が主人公　#自意識過剰　#承認欲求　#クリエイター志望の人は必見？　#村上春樹訳もあるよ　#大二病的な「イタい」思い出のある人は読んでほしいっ　#清らかなものだけで生きる？　#清濁併せ呑んで生きる？

サリンジャーといえば『キャッチャー・イン・ザ・ライ（ライ麦畑でつかまえて）』が有名だけど、私は『フラニーとズーイ』の方がずっと好き。

だって『フラニーとズーイ』は、地に足がついていて安心する。

『フラニーとズーイ』は、アメリカの名門大学に通う兄妹が主人公の小説。美しい妹・フラニーと、俳優で5歳年上の兄・ズーイ。要はアメリカの青春小説であり、演劇に打ち込みつつも思春期まっさかりのおふたりが、あーだこーだ悩んだり話したりする物語である。

演劇少女であるフラニーは、全編通してイライラしてばかりいる。その原因は、同じく演劇に打ち込む周囲の大学生のナルシスティックな振る舞い。

蘊蓄《うんちく》を語ったり妙な見栄ばかり張ったり……お前らほんとに演劇をやりたいんかい、と問い質したくなるフラニーの周囲の大学生。

あなたにも覚えがないだろうか？（今真っ盛りのお年頃かもしれないけど）**大学生くらいの、いらない承認欲求。肥大化した自己愛。何より「えっ、承認欲求や自己愛なんて自分にはありませんけど？　純粋にこれが好きでやってるだけだもーん」なんてうそぶく、白々しい無自覚さ。**

思い返せば恥ずかしい黒歴史だろうが、その渦中に放り込まれた側としてはたまったもんじゃない。キミの自意識はダダ漏れである。

いやー、そんな大学生の自意識にまみれた人間関係なんて、いくら好きな演劇に携わっていてもイライラするよな、フラニー。わかるよ。私はうんうんと頷いてしまう。だけどもっと「わかる……」と震えてしまうのは、彼女が**「あいつらだけじゃないわ、私もそうなのよ!!!」**と叫ぶ場面である。

「そしてまた私は喝采を浴びるのが好きで、人々に褒めちぎられるのが好きだからって、それでいいってことにはならないのよ。そういうのが恥ずかしい。そういうのが耐えられない」

ああっわかる、わかりすぎる。頭を抱えてしまう。

結局、自己愛や虚栄心や承認欲求のにおいに敏感なのは、同族嫌悪ゆえである。他人に苛々しているようで、その実は**自分のエゴのにおいにうんざりしている**のだ。

「自分をまったくの無名にしてしまえる勇気を持ちあわせていないことに、うんざりして

しまうのよ。なにかしら人目を惹くことをしたいと望んでいる私自身や、あるいは他のみんなに、とにかくうんざりしてしまうの」

大好きな演劇をしているはずなのに、こうして演劇をしている自分も他人もとにかく嫌になったフラニーは、世俗的な欲求から離れるため、どんどん宗教へ傾倒してゆく。

しかし家族はそんなフラニーを心配する。母親から「フラニーの相談にのってやってくれ」と言われた兄・ズーイは、フラニーととことん話し合う。

さて、ズーイはフラニーを現実に引き戻すことができるのだろうか？

基本的に、青春小説（＝思春期の少年少女が主人公である小説）は「自意識が上滑った小説」になりやすい。

思春期特有の自意識ぐるぐるを見せることは青春小説の醍醐味だし、思春期を迎えている読者はそこに共感する。

だけどそれは同時に、ただ読者の自己愛を満たす小説——たとえばただ読者の理想的な妄想を叶えるだけのストーリーとか——になりやすいことも確かだと思う（もちろん物語で理想が満たされることによってすくわれる読者はたくさんいる、好みの問題だ）。

が、『フラニーとズーイ』はしっかりとその思春期のめんどくさぁい自意識に向き合ったうえで、**「それだけじゃアカンで」とにっこり笑って釘を刺す。**いつまでも自分が世界の主人公みたいな顔して、自己愛ばっかりこじらせてちゃアカンで、と。その釘の刺し方が、ほかの青春小説よりもずっと地に足がついていて、私は嬉しくなる。

たとえば宗教心をこじらせたフラニーに対して、ズーイ兄ちゃんはこう言う。

「しかしね、何がエゴであって何がエゴでないか、それを決めるなんて、まったくの話、キリストその人でもなきゃできないことなんだよ。なあ、ここは神の宇宙であって、君の宇宙じゃないんだよ。そして何がエゴで何がエゴでないかを最終的に決めるのは、神様なんだよ」

「君に今できるただひとつのことは、唯一の宗教的行為は、演技をすることだ。もし君がそう望むなら、神のために演技をすることだ。もし君がそう望むなら、神の俳優になることだ。それより美しいことがあるだろうか？」

フラニーは神様だとか理想だとかばっかり見て、理想どおりに動かない他人や自分を嫌悪し、一歩も動かなくなっている（なんせ部屋に引きこもってお祈りを始める娘だ！）。

そんなフラニーにズーイは、たしかに他人や世界には汚いところもあるけど、そうやって何もかも嫌いって言ってうずくまっていても何も始まらないだろーがっ、とツッコミを入れる。結局、誰しも汚れた部分はあるし、それをきれいきたないと分けること自体がまずナンセンスなのだ。そうではなくて、承認欲求や自己愛があろうとなかろうと、自分の「やりたいこと」が最大限届くところまで「やりきる」こと――それ以上に美しい方法なんてない。ズーイ兄ちゃんはそう言う。

ここは自分だけの宇宙じゃない。神様がつくった宇宙は、自分の理想どおりのきれいな場所であるわけがない……。

――これって自意識や自己愛をほぐしてゆくのに必要不可欠な話で、若者は古今東西この問題に突き当たってるんだなぁ、と思う。日本もアメリカも、変わらず。

そして「ああ、世界の主役は自分じゃないんだ。世界は自分の思いどおりの場所じゃないんだ」ということを受け入れて生きていくのが、「大人」ってものなのだろう。

世界の主役は、別に、自分じゃない。

社会や他人は理想どおりになんか進まない。

そしてそんなことに拗ねるのではなく、自分にとっていちばん美しいことを目指して生きてこうな。『フラニーとズーイ』はそんな、きわめて当たり前のことを説く。

その当たり前さに、私はすくわれる。『フラニーとズーイ』を読むと、わかるわかると頷くのと一緒にどこか癒されている自分がいる。

思いどおりにならない他人に苛立つんじゃなくて、きちんと向かうべきところに向かって、戦うべきところを間違わずに生きていこう、と思う。

《人生を狂わせるこの一言》

もし君がその〈システム〉に戦いを挑むなら、君は育ちの良い知性のある娘として、相手を撃たなくちゃいけない。なぜなら敵はそこにいるからだ。

さて、私もあなたも、余計なものに惑わされず、明日も「システム」に立ち向かってがんばりましょうね。

負けないぞ。

この本を読んだ方に おすすめする「次の本」

『二十歳の原点』　高野悦子（新潮社）

全共闘運動大学紛争時代に大学生活を迎え、自殺してしまった著者による日記。「独りであること、未熟であること、これが私の二十歳の原点である」……あまりに有名なこの一文は置いておいて、日記に綴られてるのはいささか真面目すぎるがふつうの女子大生の悩みたち。フラニーもそうだけど、いつの時代も考えすぎる若い女の子は生きづらいんだなァと思う。みんながんばってくれ。

『キャッチャー・イン・ザ・ライ』 J.D. サリンジャー（白水社）

本当は『フラニーとズーイ』を読む前に読むべき、由緒正しき「青春小説」。大人は汚いと思い込んだり、女の子と遊んだり、世界に絶望したり、あらゆることが気に食わなかったり、まぁ青春というのはそういうもんである。たぶん。大人になる前に一度は読みたい名作。

『聖書を語る』 佐藤優、中村うさぎ（文藝春秋）

日本人にはなかなか捉えづらい聖書やキリスト教についておもしろく語った一冊。対談形式なのでするする読める。『フラニーとズーイ』に関してもおもしろい考察があるので、ぜひ!!

title : 03

村上春樹をまだ読んでいないあなたへ

眠り（『TVピープル』所収）

村上春樹（文藝春秋）初出1990

暗いものには蓋！

VS

暗いものには読書！

世界の村上ブンガクの傑作短編。（私のように）なかなかほかの村上春樹作品を受けつけなかった人におすすめです！

＃短編　＃村上春樹の小説　＃実はドイツ刊行絵本バージョンもあります　＃絵本バージョンの挿絵も素敵なのでぜひ　＃主婦が主人公　＃すこしホラーっぽいお話　＃結婚生活に疲れたときに読みたい一冊

村上春樹なんて、正直、好きじゃなかった。

こんなこと言ったら「非国民め！」と叱られそうだから大声では言わないけど、でも、本当だ。村上春樹っていいよね〜とうっとり話す人に出会うたび、うーんと苦笑していた。『ノルウェイの森』『海辺のカフカ』『１Ｑ８４』……有名なタイトルを手にするたび、ぱらぱらとページをめくりつつ、ああやっぱりなぁ、と思った。

何がやっぱりって——**村上春樹の描く小説は、はっきり言って、どいつもこいつも人が死に過ぎ**なのである。

『ダンス・ダンス・ダンス』も『１Ｑ８４』も『ねじまき鳥クロニクル』も出会った男女問わず死ぬ。**『ノルウェイの森』なんて「彼女はすでに死んでいる」状態から始まる。**『羊をめぐる冒険』に至っては開始数ページで出会った女の子のお葬式シーンという体たらく。

女子高生の書くケータイ小説かよ！　と全力でツッコミを入れざるをえない。世界の村上ブンガクは女子高生向けなのか。

いや、たいていの文学作品が「死」をテーマに避けて通れないのはよくわかっているし、そういう主題が大切なのもわかる。

……にしたって、死なせ過ぎだろう、村上春樹。

登場人物（たいてい女の人）の安易な死に方、それに伴う主人公（たいてい男の人）のナルシストな悲しみっぷり、というツッコミどころに気を取られていまいちハマれなかった村上ブンガク。**「僕」って悲しむ割にすぐほかの女の子と寝るしな……。**

とまぁ散々悪口を言ったところで何だが、今、私は村上春樹の作品がけっこう好きである。

あれれ、なぜだ。なぜなんだ。

もしこれを読んでいる人の中で「村上春樹？　うーんなんか苦手～」という人がいたら、その人に村上春樹を読んでもらえればな、という気持ちで、ちょっと**「こうして好きになった、村上春樹！」**というお話をしたい。

しかし正直なところ、ドラマみたいな話があるわけじゃない。

ありふれた話で自分でもなんだかなぁ、と頭を掻いてしまうけれど、初めて友人のお葬式というものに行って、私は村上春樹が読めるようになったのだった。

こうやって自分の体験をすべてどんな本を読めるようになるか、ということに還元する自分の性格もどうかと思うけど、本当のことだから仕方がない。

自分の同世代のお葬式というのは、なんだかいろいろ驚かされた。いまだに思い出しても距離感をつかみづらい。「実感がない」とはこのことだと思う。

そこで見たその子のお母さんの顔とか、自分が思ったほど泣かなかったなぁ、という妙な実感とか、ちょっと気持ち悪いくらいに薫ってくるお線香のにおいとか、その子がいないことでその子の存在が今までにないくらい濃ゆくなる感じとか、思い出すだけでそういうすべてのものがぜんぶごっちゃになって体感として襲ってくる。

お葬式というのは妙な迫力のある舞台だ。

誰もが体験することだと思う。初めて同世代の結婚式に行く日もあれば、初めて同世代のお葬式に行く日もあるのが人生だ。

だけどそんな一般論と自分の体感は全然ちがっていて、お葬式に出たあとの日々の中で、私は私なりに、その子がいなくなったことを消化してゆくしかなかった。

――とはいえ過ごしてみれば毎日は過ぎ去ってゆくもので、特にどうということもなく過ぎてしまえる。私がその子のお葬式に行ってきたなんて知らない人ばかりの中で日々を過ごすと、昨日あったことすら忘れてしまいそうになる。


そんなとき、偶然この小説を読んだ。

村上春樹作品にしては珍しく人も死なず、主人公も女の人、という短編小説である。

『眠り』の主人公は、夫も息子もいる主婦。彼女はある日、突然「眠れなくなる」。彼女の眠らない日々は、ある悪夢を見た日から始まった。

眠らない代わりに『アンナ・カレーニナ』を読みながら、チョコレートを食べる日々を彼女は送る……という不思議な物語。

あらすじを書いてみれば「これだけ」で、いったいこの小説の何がおもしろいのか、と聞かれるとけっこう困るのだけど、でも、私はこの小説がかなり好きだ。

というか、**端的に言って「癒された」んだと思う。この小説に。**

私が友人のお葬式に行っていちばん思ったことは、子どもみたいな感想だけど、「世の中、どうしようもなく圧倒的に悲しいことってあるんだなぁ」ということだった。

本当に、どうしようもない。この世でいちばんどうすることもできないのは人が死ぬことだ。——長寿をまっとうしたと思える人じゃなくて、突然いなくなってしまった若い人に対しては、余計にそう思ってしまう（もちろん、それは比べられるものじゃないことは大前提だけど）。

でも生きている人は、そのどうしようもなさを抱えて、そのまま毎日を過ごさなくちゃいけない。

死ぬこと以外にも、世の中には「どうしようもないけど悲しいこと」ってのは案外たくさん転がっている。孤独とかいうものも、誰かと離れてしまうことも、時間が過ぎてしまうこともそのひとつだ。

村上春樹は、その「どうしようもないけど悲しいこと」を小説っていう形にして、私たちに、はい、って差し出している。

——そうか、そういうものを差し出してるのか、と思った瞬間、私は今まで「なんだよ人が死に過ぎなんだよ」とツッこんでいた村上作品に対して、何かが溶けるようにしてわかったものがあった。

『眠り』に描かれている孤独や、その孤独を誰とも分かち合わないこと、そしてそのまま「どこにも行けない」と主人公が言っていることは、私だけじゃなくてたくさんの人の悲しさとか寂しさを癒しているんだろう。

だからこんなに村上春樹は読まれる。彼自身が、どうしようもない悲しさや暗闇を胸に抱えたままずーっと小説を書き続けているから。

……なんだか言ってしまえば本当にありきたりな結論なのだけど。

村上春樹なんて読まなくったって生きていける。ていうか小説なんか読まなくったって生きていける。

でも、**もしかしたらあなたにもそういうものを必要とするタイミングがやって来るかもしれない。**

小説が、あなたを助けてくれる日がくるかもしれない。

そのとき、その本があなたにすこしでもさいわいをもたらしてくれることを私は願ってやまない。そんなタイミングをすこしでも増やすために、私は、あなたにこうして小説なんてすすめている。

この本を読んだ方におすすめする「次の本」

『愛の生活・森のメリュジーヌ』
金井美恵子（講談社）

日常と恋愛が重なったところに夫婦というものは存在する。が、本当にそれらは重なり合うことができるのだろうか？　女性が過ごす日常にはつねに狂気が何気なく潜んでいることがよくわかる小説。こんなイキモノを相手にする男性は大変だなぁ。『眠り』が好きな女性におすすめ。

『ねじまき鳥クロニクル(第1部〜第3部)』
村上春樹（新潮社）

『眠り』のあとに描かれた、村上春樹が「妻」というものへの得体の知れなさに向き合った（と思われる）長編小説。『眠り』の次に読みたい本ですね。

『もういちど村上春樹にご用心』
内田樹（文藝春秋）

世の中に「村上春樹解説本」というのは腐るほど出回っているが、その中でいちばん読みやすくておもしろい村上春樹批評。村上春樹の読み方が変わる一冊。「むらかみはるき……ってあのナルシストぶんがく……?」とか思ってるそこのあなた、読んでっ。

title: 04

新しい仕事や新生活を始めた「新人」さんへ

『図書館戦争』

有川浩（KADOKAWA / 角川書店）初出2006

本＝現実逃避の手段

VS

本＝甘やかさずに
背中を押してくれる存在

「組織としての正義」と「矛盾に葛藤しながら戦う主人公」。読むたびに励まされ、背筋の伸びる最高のエンタメ小説！

#エンタメ小説　#全六冊のシリーズもの　#映画化・アニメ化　#「表現の自由」を考える　#ラブコメ　#ラノベ文体なので読みやすい！　#新入社員さんにもおすすめ！　#元気になりたいときに読みたい一冊

この世で心から憎んでいるものが二つある。

つまらない本と、**つまらない読み方をする人**である。

前者のつまらない本についいては、思う存分罵ることができる。

ばかっ、てめえのつまらん話を聞くために本を開いたわけじゃねぇっ、もっとおもしろく書けるだろっ、ばかっ。さらに好きな作家さんの新刊がつまらなかったときのズッコケぷりたるや。情けなさと憎悪とで腹が立ちまくり、本にあたる。さ、作者さんのアホ〜〜〜〜！もはや憎しみのお祭り状態である。

しかし後者は困る。おもしろい本なのにつまらない読み方をしている人間が目の前にいるときほど困ることはない。

どう考えても素晴らしい小説を誰かが適当な言葉で批評しだしたときなんざ、もう、死っぬほど腹が立つし即座に末代まで祟ってやるリストに名前を放り込むし蹴り倒したろかと思う。が、如何せんなけなしの社会性と頭の回転の遅さが邪魔をして、罵る言葉を口にすることができない。大概苦笑して終わる。しかし内心泣きそうなくらい腹を立てているので、まぁ、相手がそれまでどんなに好きで尊敬している人であったとしても、途端に「こいつは末代まで祟るリストにぶち込まれるわけである。

はぁ、つまらん読み方のせいで百年の恋が冷めた経験が私の人生にいくつあっただろーか……。

そんなわけで紹介するのは、**私の人生でなぜか後者に遭遇しまくるきっかけとなった不遇な本である。**

『図書館戦争』。有川浩さんのエンタメ小説である。

映画化もされたしアニメ化漫画化もされたし、いまやすっかりベストセラー人気作品となって、読者としては感無量のシリーズ。

しかしなぜだかこの小説、私の周りでは大変不評である。

「ラノベじゃん」「ただのラブコメじゃん」「ああ、あのマンガみたいな小説ね」

……ひどくないか。**ていうか阿呆なのか、貴様たちは**（↑わかる人は笑ってください）。なぜそういう読み方しかできないのだ。

たしかにこの小説はラノベ文体だしラブコメ要素が強くて映像化漫画化しやすいのが特徴、だけれども。そんなものは表面的材料にしか過ぎない。**この作品がすごいのは、それをちゃんと導入剤としつつ、有川浩が読者を「甘やかさない」ところにある**んだよ！

――この小説の舞台は２０１９年。

公序良俗を乱す表現を取り締まる「メディア良化法」が成立して30年……つまりは本の「検閲」が現代日本で行われている、という設定。

そんなご時世、「図書隊」だけが国の検閲に対抗できる力を持つ唯一の組織。この図書隊は、自衛隊並みの防衛力を持ち、本のために、検閲と攻防を繰り広げていた。

主人公の笠原郁は、この図書隊に入隊したばかりの新・社会人。

彼女は、むかし自分の好きな本を守ってくれた「王子様」に憧れて、彼のいる図書隊に入ったという乙女（しかし身長１７０センチの元陸上部体育会系女子）。しかし彼女を待ち受けていたのは、直属の上司・堂上教官（映画では岡田准一くんが演じていて大変カッコよかった）の強烈なシゴキだった……。


「中学生くらいの子におすすめの本は？」って聞かれたらいまだにこの本を挙げる。読みやすいし何よりノリと勢いが凄まじくいいため、本が苦手な子も本好きな子もみんなおもしろく読める本だと思う。

私にとっても、青春の一冊。中高生のときにものすごーくハマった。

――しかし、私はこの本のいったい何がそんなに好きなのか？

それは、作者である有川浩さんが**「甘やかさない」作者**だったから。

というのも、当然だが、作者さんにはいろんな人がいる。

ひたすら主人公をぐるぐる悩ませる人もいるし、閉じ篭らせる人もいるし、狂気を植え付けやすい人もいる。やたら残酷な方へ物語を持っていったり、逆に笑える方に持っていったり、それはもう作者という存在の個性による。

その中でも、有川浩という作家は、「甘やかさない」ことにその特徴があるように思う。

たとえば『図書館戦争』の中で、主人公が「陸上経験者」という体力的アドバンテージをもって入隊してきた場面がある。すると、有川浩は物語の中でちゃんと「陸上経験者だからこそ」、体力に自信があるからこそ勘違いしやすいミスを忍ばせる。長所は時として短所になりやすいという当然のことだけど、これを小説で描ける人ってなかなかいない。

ほかにも、たとえば優秀な同期に主人公のミスを酷く叱られたりする。すると上司が、その優秀な同期には「正しいからって何を言ってもいいわけじゃない」って言うし、逆に主人公には「ミスは自分の努力で補え」って突き放す。

有川作品には、**そこに生きる登場人物たちが、甘えずに、いろんなことをちゃんと生きているあるいは仕事している様子**が見える。

そしてそれは撥ね返って読者にも突き付けてくる。**「甘えんな」**と。

その「甘やかさない」程度が、私にとってはすごく心地よかった。

物語は、時として読者を甘やかす。だって現実はいつも厳しすぎるから、せめて物語の中だけでは甘やかされたい。ありのままの自分を肯定されたい。

だけど、特にむかし中学生だった私は「それじゃだめなんだ」ってすごくすごく思っていた。ある種指針とするような、自分を甘やかさない生き方を教えてくれるような、そんな物語が欲しかった。

『図書館戦争』は、そんな私にとって、**姿勢を正してくれる物語**だった。ちゃんと甘えずに「頑張ろう」って思うエネルギーになってくれる小説。だから私はこの小説をこんなに好きになったのだ。

《人生を狂わせるこの一言》

「お膳立てされたキレイな舞台で戦えるのはお話の中の正義の味方だけよ。現実じゃ誰も露払いなんかしてくれないんだから。泥

「被る覚悟がないなら正義の味方なんて辞めちゃえば？」

「図書館戦争の甘やかさないところが好き！」と言っても、たいていあまりわかってもらえない。だって**『図書館戦争』には、あっまあまの角砂糖ぶち込み型のラブコメ要素が表面に乗っかっている**から。

読者はそのラノベ調の読みやすい文章と「ベタ甘」と評される少女漫画のような恋愛部分に引き込まれる。**だけどそれは有川先生の計算だ。**これはエンタメ小説だから。ちゃんと読者が楽しめるように、甘やかさない思想の表面には甘いコーティングをしてある。

でもそのベタ甘の表面だけを見るんじゃなくて、ちゃんと、物語が語る「組織としての正義」と「それとの矛盾に葛藤しながら戦う」主人公の「成長」も見てほしいよって思う。

そりゃ読み方は自由だしどんなふうに読んでもいいし私もこの小説のラブコメ大っ好きだけど、この本の本当のおもしろさを知ってほしいのである。

だってエンタメとしてのおもしろさと物語としての強度をここまで両立させた物語、なかなかないもの。

きっとあなたが新入社員だったり新入部員だったりするとき、組織に入ってあれこれ悩んでいるとき、この本を読めば頑張ろうって思えるよ！

この本を読むと、今だって背筋がしゃんと伸びる。初めてこの本を読んだ頃の、頑張らなきゃって思う自分も一緒に思い出されるから。

願わくば、あなたにとっても『図書館戦争』がそんな一冊になりますように！

この本を読んだ方に おすすめする「次の本」

『後宮小説』　酒見賢一（新潮社）

『図書館戦争』もそうなのだけれど、文体と世界観と内容がぴたっと「それしかない」ほどに合う幸福な小説、というのはたまーに存在する。この『後宮小説』も紛れもなくそのうちの一冊。史上最高・抱腹絶倒・前代未聞・壮大なるホラ話エンターテイメント。有川浩と酒見賢一の作家メンタルは割と似ていると思う。

『王妃の離婚』　佐藤賢一（集英社）

舞台は中世フランス、主人公は弁護士、依頼された案件は「離婚する王妃の弁護」。中世版リーガル・ハイである。読むと元気になるうえに中世ヨーロッパにもすこし詳しくなる、愉快なエンタメ。『図書館戦争』と並んで、日本のエンタメ小説の中で一、二を争うくらいおもしろい（と思っている）小説。

『本泥棒』
マークース・ズーサック（早川書房）

「本が題材」つながりで。ナチス政権下のドイツの小さな町に暮らす少女リーゼルは「本泥棒」。墓地、焚書の山、町長の書斎——彼女は様々な本棚から「本」を盗んでいた。やがて彼女は言葉を自分で綴ることを覚える。「本」という物体そのものが好きなあなたにおすすめ。

title: 05

「語られない歴史」が好きなあなたへ

『オリガ・モリソヴナの反語法』

米原万里(集英社)初出2002

教科書に
記された歴史
VS
小説で
描かれる歴史

私が「全人類」におすすめする本を挙げるとしたら、この本を挙げる。「歴史」と「文学」の間にある傑作です!

#ロシア通訳者・エッセイストの著者による小説 #スターリン時代のソ連が舞台 #笑えて泣けて震える #現代東欧史に興味のある人ぜひ! #歴史が苦手な人もぜひ! #ソ連に関する小ネタ盛りだくさん #ミステリ仕立て #「最近感動してないなぁ」と思ったときに読みたい一冊

夢を糧に、わたしたちは生きながらえていた。

世界を雑に見たくないです。

時代とか歴史とかそういう大きなものに巻き込まれながら、マクロに圧倒されながら、一人ひとりの人間はミクロ単位でいろんなことを考えて食べて眠って起きて生きている。**小説という媒体に力があるとしたら、そういう、大きなものに取りこぼされがちな、一人ひとりをすくうこと**じゃないのかなぁ、なんて思います。

そしてこの『オリガ・モリソヴナの反語法』という一風変わった題名の小説は、見事なまでにその力を発揮しているのです。

舞台は1960年のプラハのソビエト大使館付属普通学校。語り手は「シーマチカ」と呼ばれる日本人女性、志摩。彼女の通うソビエト学校の舞踊教師はオリガ・モリソヴナ、この先生の凄まじい罵倒語の披露場面から、物語は始まります。

「ああ神様！　これぞ神様が与えて下さった天分でなくてなんだろう。長生きはしてみるもんだ。こんな才能はじめてお目にかかるよ！　あたしゃ嬉しくて嬉しくて嬉しくて狂い死にしそうだね！」

先生の罵倒は、「反語法」。つまり「言ってること」と逆の意味が「言いたいこと」。たとえば、**先生が「美の極致！」と言ったら、つまりそれは最上級の罵倒「醜くてしょうがない！」という意味。先生が「天才」と言うのは「うすのろ」の意味。**先生の罵倒が裏返されて意味をなしてゆくことが特徴的なのです。

「ああ神様！」から始まるこのセリフ、反語だと理解したら……怖ろしいですよね。

が、罵倒は酷くても、おもしろくて美しくて、さらに結婚歴5回の自称50歳、クラッシックバレエからツイストから民俗舞踊まで美しく踊るモリソヴナ先生は生徒たちに大人気でした。

時は流れて1992年のモスクワ。バレリーナになる夢を捨て、通訳をしながら子育てをした志摩は、モスクワの劇場展示の中になぜかモリソヴナ先生の写真を見つけます。名前も違っている先生の写真。先生は、いったい何者だったのか？

そして志摩は知るのです。モリソヴナ先生の「反語法」の、本当の理由を……。

この小説を読むと、「頭のいい小説」という言葉が浮かびます。

それは決して「難しい」という意味ではありません。

たしかに、難しいこと考えてるんだなぁ、と読者がため息をついてしまうほど頭のいい人が書いた小説はこの世にはあります。難しいよー、何言ってんだよー、と思いながらページをめくる小説。そういうものはそういうもので愉しむ方法があるのですが、今私が言っているのはそういうことじゃない。

この小説は、別に難しいお話ではありません。文章はきわめてわかりやすくて明朗で、読みやすいし、あらすじもそんなに複雑じゃない。

「頭の良さ」とは、難しいことをわかりやすく説明できるということ、と言う人がいますが、この小説はまさしくその「頭の良さ」が際立っているんです。

『オリガ・モリソヴナの反語法』が、その明晰さをもって、伝えようとしていることは何なのでしょう?

それはもう私が説明するのは野暮ってものだし、ぜひ読んでくださいね、としか言えないのですが……だけど私は、ああこういう小説が好きだ、って思います。

たとえば一見過酷で卑劣に見えるスターリン時代。

歴史の授業だったら、「このときは民衆が非常に苦しんだ時代でした」という20文字で済まされる時代。その時代の中でも、当たり前みたいに、**一人ひとりは恋をしたり踊りを楽しんだりつらいことに抗おうとしたりして生きてたんだ、**って、この小説を読むと知ることができる。

もっと小説を書いてほしかった。

作者の米原万里さんは、ロシア語通訳者。彼女は残念なことに小説を二作しか書かなかったけれど、どちらも絶品なんですよ。もう亡くなられてしまったことが悲しい。

「世界中、誰にでもおすすめできる小説ってある？」

そう聞かれたら、私はこの小説を挙げるって決めています。名著としか言いようがない小説なのです。

この本を読んだ方に おすすめする「次の本」

『運命ではなく』
イムレ・ケルテース（国書刊行会）

「運命とは僕たち自身なのだ」……ハンガリー人の作者が、自らのホロコースト体験をもとに描いた自伝的小説。『オリガ〜』がおもしろかった人はこちらもおもしろいと思う。ホロコーストの小説、と聞くと重たい話になるかと思うのだけれど、読後感が爽やかで希望がもらえるところが好き。

『ワイルド・スワン（上・中・下）』
ユン・チアン（講談社）

日本の侵略、国共内戦、文化大革命……激動の時代の中国を生き抜いた祖母・母・娘の人生を綴ったノンフィクション小説。圧巻。特に文化大革命のあたりは本当にページをめくる手が止まらない。壮絶としか言えない歴史の渦中にあって、女たちがたくましく生きる様子に感動してしまう。現代の中国を知りたい人にもおすすめ。

『クオ・ワディス（上・中・下）』
シェンキェーヴィチ（岩波書店）

「暴君ネロ」の治世の後期。古代ローマではキリスト教が庶民に拡がりつつあったが、迫害を受けていた。時代の渦に巻き込まれたラブ・ロマンス。キャラがみんな立っててほんっとにおもしろい。個人的に好きな岩波文庫ランキングベスト5位には入る。歴史と物語が絡む話が好きな人、ぜひ！

title: 06

都会とか現代とか、「忙しさ」にちょっと疲れたあなたへ

『スティル・ライフ』

池澤夏樹（中央公論新社）初出 1988

都会の忙しさ

VS

自然のチューニング

透明感ってこういうことか。精神的な何かのチューニングをするために、「文章」で「自然」と出会うことのできる物語。

#芥川賞受賞作　#都会に疲れた人におすすめ　#というか人生に疲れた人におすすめ　#透明感のある文章を読みたいときに　#自然を味わいたいけどなかなか行く時間のないとき　#ゆっくり文章を味わってほしい一冊　#同じ文庫に入っている『ヤー・チャイカ』という小説もいいのでおすすめです

この世界がきみのために存在すると思ってはいけない。世界はきみを入れる容器ではない。世界ときみは、二本の木が並んで立つように、どちらも寄りかかることなく、それぞれまっすぐに立っている。

きみは自分のそばに世界という立派な木があることを知っている。それを喜んでいる。世界の方はあまりきみのことを考えていないかもしれない。

でも、外に立つ世界とは別に、きみの中にも、一つの世界がある。きみは自分の内部の広大な薄命の世界を想像してみることができる。きみの意識は二つの世界の境界の上にいる。

大事なのは、山脈や、人や、染色工場や、セミ時雨などからなる外の世界と、きみの中にある広い世界との間に連絡をつけること、一歩の距離をおいて並び立つ二つの世界の呼応と調和をはかることだ。

たとえば、星を見るとかして。


「詩」や「都会の中の自然」みたいな、一見なくても困らなさそうなものって、どうして存在し続けているんでしょうね？


必要なさげなのに、なくせないですよね。なんでなんでしょうね。

詩を味わうことは、都会の中で自然を感じることによく似ています。

いわゆる「ふつうのテンポ」からすこし外れて、日常生活をすこしずらして、別のレイヤー（階層）に跳ぶこと。

詩を味わうとき、私たちはいつも使っている会話言葉とはすこし違う言葉の使い方を知ります。同じように、都会の中で自然を感じることは、いつもの満員電車やエスカレーターの速度とは違う、時間や空間の流れを知ることでもあります。

たとえばふと春に咲いた桜を見上げるとき、「こんなところに桜の木があったのか」と思う。あるいは「この桜はもう何十年も咲き続けてるんだな」と感じる。するとその道は、すこし変わるのが遅くてイライラする信号機のある道路ではなくて、「あの桜の木」がある道になる。

こうして、すこし世界の見方が変わる。

もちろんどっちも嘘ではなくて、**世界にはいろんなレイヤーがある、**というだけの話。すこしイラっとさせる信号機も、何十年も花を咲かせる桜も、同じようにそこにあるんですよね。

そして、イライラしたとき、ふと桜の木に気づくとすこし心が休まるように、**「どっちも知っていると、そのぶんすこし、ラクに息ができるようになる」**ときもある。

たとえば詩や自然の味を知っていると、せわしない日常も、すこしだけ楽に暮らせるようになる。

私たちの世界に詩や自然が必要な理由って、結局これだと思うんですよね。『スティル・ライフ』は、その「詩」と「自然」をひとつにして言葉にするのが、本当に本当に上手い小説でして。

《人生を狂わせるこの一言》

音もなく限りなく降ってくる雪を見ているうちに、雪が降ってくるのではないことに気付いた。その知覚は一瞬にしてぼくの意識を捉えた。目の前で何かが輝いたように、ぼくははっとした。雪が降るのではない。雪片に満たされた宇宙を、ぼくを乗せたこの世界の方が上へ上へと昇っているのだ。静かに、滑らかに、着実に、世界は上昇を続けていた。

『スティル・ライフ』は、染色工場でバイトしている主人公が、佐々井という男に出会って、とある不思議な仕事を頼まれる……という短い物語。この佐々井がけっこう不思議な男で、宇宙の話なんかを始めるわけです。

とはいえ**あらすじよりも、**私は、あなたに**この「文章」を味わってほしい**のです。

ぼくたちはそれから川の写真を見た。それは前のと違って、川を降る小舟の舳先から下流に向けられたカメラによって連続的に撮られた一連の写真で、狭い急な渓流が次第に広く緩やかになり、堤防に囲まれ、橋の下をくぐり、一段と濃い青に輝く海が正面に真一文字に見える河口まで延々と続いていた。映画以上に動きがあり、それがなかなかの快感だった。川が終わると、佐々井はまた山に戻った。次第にこういう写真の見方が身についてきて、最初に見た時よりずっと自分の意識を消すことがうまくなった。ぼくの全体が風景を見てとる目に還元された。

部屋のどこかが開いているのか、わずかな風が入ってきて、壁に貼ったシーツを揺らした。映った光景がふわっと動き、それはまるで宇宙全体の背景が一瞬揺れたような印象を与えた。見ていたぼくの脳髄が揺れたのかもしれない。雲となって空中を浮揚し、風のままにゆっくりと流されているような解放感だった。

この小説を読みながら、ふだん過ごしている日常のテンポをすこしずらして、呼吸とかピントを意図的に狂わせて、別のレイヤーで時間を過ごしてみてほしいです。

都会とか現代とかそういうとこはいつも速くてみんな過剰に力んでいて、それが楽しいんだけど、でもやっぱり疲れないのかなって心配になるときもあるから。

そういうときにすこし、精神的な何かのチューニングをするために、こういう小説はあるんですよ。たぶんね。

この本を読んだ方に おすすめする「次の本」

『エクソフォニー——母語の外へ出る旅』
多和田葉子（岩波書店）

ドイツ語と日本語両方で創作活動を行う作家・多和田葉子が綴った、言語と文学をめぐる名作エッセイ。『スティル・ライフ』を読んで「そもそも詩とか言葉って何？」ということを考えてみたくなった人、詩的な言葉や外国語、言語の越境に興味のある人におすすめ。

『たんぽぽのお酒』
レイ・ブラッドベリ（晶文社）

12歳の夏休み、死の予感と夏の終わりを感じつつ成長する少年の物語。「12歳の少年の夏」ってノスタルジーと組み合わせたら最強すぎる。詩的な文体で、こちらも「小説で自然を感じられる」本。

『センス・オブ・ワンダー』
レイチェル・カーソン（新潮社）

「地球の美しさと神秘を感じとれる人は、科学者であろうとなかろうと、人生に飽きて疲れたり、孤独にさいなまれることはけっしてないでしょう」——『沈黙の春』で有名な著者が「自然を感じる」ことについて説いた詩的エッセイ。科学者のイメージとは裏腹に、自然の描写は情緒的でやさしい。何気なく自然に触れ合っていた小さなあの頃を思い出せる、子育て中の人にも読んでほしい一冊。

title : 07

手の届きそうにない何かに出会ったことがあるあなたへ

『人間の大地』

サン＝テグジュペリ（渋谷豊訳・光文社）初出1939

日常の幸せ

VS

憧れへ向かう

幸せ

あなたの人生を狂わすほどの「憧れ」に出会う一冊。命よりも大事な何かに取り憑かれてしまった人が見た景色とは。

#海外エッセイ　#『星の王子さま』の作者　#「生きるとは？」「仕事とは？」といった哲学的な思索もあり　#パイロットだった作者がその経験を語る　#「紅の豚」「風立ちぬ」のファンは必見!!　#新潮文庫の解説は宮崎駿

何かに憧れることは、その「何か」に人生を狂わされること。

人生が狂ってしまった誰かを見ながら、まるで鏡を見るように、その誰かによって人生を狂わされそうになる自分に気づくことがある。

何かに憧れることの力を知る。そして自分もそんなふうに何かに憧れてみたいと思う。そうして、いつのまにか、人生が狂ってゆく。致死量の憧れを手にしながら。気がつけば、自分はどこにいるのかわからない。

——そんな経験をしてしまいそうになる本がある。

大地は僕ら自身について万巻の書よりも多くを教えてくれる。なぜなら大地は僕らに抗うからだ。人間は障害に挑むときにこそ自分自身を発見するものなのだ。ただし、障害にぶつかるには道具がいる。犂や鍬が要る。農夫は土を耕しながら、自然の神秘を少しずつ暴いていく。そうやって手にする真実は、普遍的な真実だ。それと同じように、定期航空路線の道具、つまり飛行機も、古くから存在するありとあらゆる問題に人間を直面させる。アルゼンチンでの最初の夜間飛行中に見た光景が、今でも僕の目に浮かぶ。暗い夜の中に、平原に散らばる数少ない灯火の光だけが星のように煌めいていた。

『星の王子さま』で有名なサン・テグジュペリは、国際郵便機のパイロットだった。

彼がエッセイふうに自身の飛行経験や遭難経験を綴った自伝的な一冊が、この『人間の大地』である。**私は『星の王子さま』もかなり好きだけど、読んだときの衝撃度合いはこちらが勝つ。**

読むだけで、サン・テグジュペリの空への憧れが胸に迫る。私たちがふだんの生活で感じることのできないような風を、抵抗を、美しい景色を、その文章で教えてくれる。

「それ」なしには生きていけないものを持つのは、幸せなんだろうか？

ふつうに働いて結婚して子どもを持って、地上での日常生活こそに幸せが宿る、という考えが一般的だと思う。

だけど、地上で生きていくだけでは息ができない人がたまにいる。何か、「それ」をしていないと――「それ」がそばにないと、「それ」に関わっていないときっと息が詰まって死んでしまうような人。

サン・テグジュペリにとって「それ」は「空」だった。

《人生を狂わせるこの一言》

手に届かないところにある共通の目的によって同胞と結ばれたとき、僕らははじめて胸いっぱいに呼吸することができる。

憧れに手が届かないことを、不幸せと感じる人もいる。

だけど私には、この「手に届かない」ことの美しさと、どうしようもない快楽が痛いほどわかる。

そこに向かっていること自体の喜び。そしてそれを目指している人が自分だけじゃないんだって知ったときの驚きと、めまいのするほどの嬉しさ。

「わたしたちはただ食べて排泄して息をするためだけに生きているわけじゃない」。

サン・テグジュペリはそう言う。

ただ同時に、彼は空の上で行方不明になったように、何かに憧れることが人としての幸福につながるとはかぎらない。

安全に、身近な幸せをつかんで生きることが本当は人間としてまっとうで、幸せなのかもしれない。

どちらを選んでも自分の選択だ。だけどこんな本を読んで、何かに憧れている姿に憧れてしまったら、もうあと戻りはできないよな、とも思う。

何かに憧れて、ふつうの人生を放り投げて、狂わせた誰かや何かを追っかけて生きること。あなたがどういう人かは私にはわからないし、どちらが美しいとも言えない。

だけど、きっとどちらにしても、**サン・テグジュペリの見た空の美しさを味わえば息を呑んでしまうと思う。**


たとえば雲の切れ間から差し込む光とか、嵐の中で一瞬見えた空とか、くらくらするほど爽やかな、自分に吹き付けてくるその海の風とか。意味がわからないくらい広大で、美しくて、痛くて、壮大な自然の風景。サン・テグジュペリをつかんで離さなかった、その一瞬の景色。

それくらい美しい景色を見せられる本、というのは世の中案外多くない。

The earth teaches us more about ourselves than all the books in the world, because it is resistant to us. Self – discovery comes when man measures himself against an obstacle.

この本を読んだ方に おすすめする「次の本」

『ワイド判 風の谷のナウシカ　1～7』
宮崎駿（徳間書店）

いまさら挙げるまでもない「風の谷のナウシカ」の漫画バージョンなのだが、『人間の大地』を読んだあとにその飛行機描写を見てみると、また違った読み方ができる。漫画版ではアニメ映画版「以降」のストーリーがかなり複雑に深く語られており、「宮崎駿は風の谷のナウシカをこういう話にしたかったのか！」と驚く。傑作。

『単独飛行』
ロアルド・ダール（早川書房）

『チョコレート工場の秘密』の原作者による、アフリカ勤務時代と第二次大戦イギリス空軍時代を綴った自伝。サン・テグジュペリにしてもこの人にしても、児童小説家と飛行機乗りには何か似たものがあるのかいったい？『人間の大地』と同じく、文庫解説は宮崎駿（つくづく飛行機好きなんですね）。

『喜嶋先生の静かな世界 The Silent World of Dr.Kishima』
森博嗣（講談社）

理系研究者の人生を淡々と語りつつ、学問への純粋な喜びと憧れを綴った小説。語り口は静かなのだけど、『人間の大地』に負けないくらいの「憧れ」が詰まっている。『人間の大地』の研究者バージョンとも言える。理系の人なら一度は読んでみたい一冊。

title : 08

この世のロマンチストな男の人全員へ

『グレート・ギャツビー』

スコット・フィッツジェラルド（中央公論新社）初出 1925

スマートな晩年
VS
向こう見ずな青春

憧れは手にした途端消えてしまう。それでも……。全世界の男のロマンを結晶させたアメリカ文学史にかがやく華麗なる一冊。

アメリカ文学の傑作　#Modern Library の「英語で書かれた 20 世紀最高の小説」第 2 位に選出　# 狂乱の 20 年代　# 村上春樹も絶賛　# 映画化（ディカプリオがなかなかハマっていた）舞台化もあり　#「アメリカって結局こういう国だよなァ」としみじみ思う一冊

世界中の男の人の「人生を狂わせた本ランキング」のトップはこの小説じゃなかろーか、と私は本気で思います。

"The Great Gatsby"……このいささかカッコよすぎるタイトルに人生をくらっと転覆させられた人、いるでしょう？　ほら、私は知ってますよ。あなたのことです。あなた。ねえ、ほら。

小説の舞台は「狂乱の20年代」、1920年代のアメリカ。主人公ニックが引っ越してきた先で出会ったのは、夜な夜な狂ったように開かれる、豪勢なパーティー。

隣家からは、夏の夜をとおして音楽が流れてきた。青みを帯びた庭園には、男たちや娘たちがまるで蛾のように集まって、ささやきや、シャンパンや、星明かりのあいだを行きかった。

パーティーの主催者は、ギャツビーと名乗る男。

実は、ギャツビーには長年ひっそりと片思いをしている相手がいたのです。デイジーという、むかし出会った美しい女性。

出会った当時、貧乏だったギャツビーは、富豪の娘であるデイジーとの身分差を埋めるため、あらゆる手を使ってのし上がるんですね。

手段が汚かろうが酷かろうが気にしない。けれどその先に求めるものはかぎりなくピュア……このギャツビーという男。女側から見たらね、あなたいったい、きれいなのか汚いのかはっきりしてよっ、と言いたくなるやつです。

けど実際、男の子ってこういうものなんでしょうね。心の内側は異常なまでにロマンチストなのに、スマートでクールに見せかけて、実はけっこうダサくて。

そしてそれが女からすればカッコよく見えちゃうんだから、男の子ってずるいんですけど。

私は女だけど、生まれ変わったら男の子になりたい。男の子になって、思いっきりバカなことをしてみたい。

バカなこと。それは別に頭の良し悪しじゃなくて、「向こう見ず」ってこと。

計画性とか将来性とか、そういう予測可能なものを捨てて、とにかくまっすぐに自分の憧れとか夢とか、そういうものに向かってみたい。

女でもできるじゃん、と言われそうですが、でも女の私からすると「違うんだよ!!」って言いたい。女の私はやっぱり、どこかで「これをこうしたらこうなる」と頭の隅で計算していて、自分の安全を第一に考えてしまう。

それは私の性格もありますが、狩りをしてくる男の人に対して、やっぱり女の人は巣を守るっていう本能があるのかなぁ、と思うのです。

そういう意味で、この『グレート・ギャツビー』はかぎりなく「男の子」のための本。

うぅん、もっと言うと、**「男の人の中の男の子」の目を覚ます本。**

男の子って、**つまりは、憧れの女の子が欲しくて、自分がいちばん強いっていう称号が欲しくて、まだ見ぬ素晴らしい明日が欲しいってこと。**

《人生を狂わせるこの一言》

でもまだ大丈夫。明日はもっと速く走ろう。両腕をもっと先まで差し出そう。……そうすればある晴れた朝に——

右の文から続く小説最後の文章は、世界文学史に残る切なさです。

この小説を読むといつも男はバカだなって思うんですけど、それでも最後は泣けてしまう。

『グレート・ギャツビー』は、バカだけど愛おしい「男の子」を**真っ向から、これ以上ないくらい美しく描いた小説**です。

何歳になったって、男の人は『グレート・ギャツビー』を読むと「男の子」に返っちゃうんじゃないでしょうか。そして彼らの中の「男の人」と「男の子」が戦って、「男の子」が勝ったとき、人生は狂わされるのかもしれません。

たったひとりの女の子に人生を狂わされたように、一冊の小説によって、ね。

この本を読んだ方に おすすめする「次の本」

『ロング・グッドバイ』 レイモンド・チャンドラー（早川書房）

私立探偵フィリップ・マーロウとテリー・レノックスの出会いから綴られる、ハードボイルド小説。『グレート・ギャツビー』からの影響が強いと思われるアメリカ文学のうちの一冊。男のロマンと孤独を読みたいあなたにおすすめ。

『ノルウェイの森』 村上春樹（講談社）

村上春樹の小説を読んでいると、「わぁった、あなたがギャッツビーを好きなのはよぉくわかったっ」と言いたくなる瞬間がよくある。そのうちの一冊。タイトルばかりが有名だけど、『グレート・ギャツビー』を読んでから本書を読み直すと、また違った読み方ができるのでぜひ。

『優雅な生活が最高の復讐である』 カルヴィン・トムキンズ（新潮社）

フィッツジェラルドが憧れ、長編小説の主人公のモデルにしたという夫妻の伝記。『グレート・ギャツビー』と合わせて読むと、「黄金の二十年代（Golden Twenties）」の芸術家や文化人たちの様子がわかって楽しい。とにかくタイトルが最高。

title : 09

『愛という病』

「女という性」がよくわからなくなってきたあなたへ

中村うさぎ（新潮社）初出2010

愛したい VS 愛されたい

ホスト狂い、整形、デリヘル嬢……女という動物の欲望の謎を中村うさぎの壮絶な実体験から知ることができる一冊。

#「女とは何か？」を問い続ける作者によるエッセイ　#斬れ味のいい現代批評を読みたい人に　#ナルシシズムを見つめ直せる　#女と男の溝も見つめ直せる　#とにかく迫力のある文章を読みたいときに　#なぜ私たちは愛し愛されることに固執するのか？

「女の病」とは、畢竟、ナルシシズムの病なのである。女のナルシシズムは、他者の愛によってしか満たされない。それは女が自分を「他者の欲望の対象」として捉える生き物だからである。女は他者の欲望を求めることによって自己を確立し、同時に、他者を無化するモンスターなのだ。

あう。

こんなこと言われてしまっては、なんかもう、降参するしかない。

中村うさぎはザックリと「お約束」を破る。いつも。

それを言っちゃあ元も子もないしどうしようもないから言わない、というお約束を中村うさぎはどんどん書いて斬ってゆく。

それはお約束なのだ。**女たちの間で、みんなで言わないようにしようねってむかーしむかしに約束されたこと**なのだ。だから私も言わなかったのだ。

だけど、だけどそれでも「言っちゃう」人がいる。「だって言いたいんだもん！」という欲望の前に人は無力だ。

――多くの女は、欠落した自己に飢えている。オトコなんて、その自己の投影物に過ぎないの。

だから女は「どんなオトコに愛されたいか」に固執する。それはオトコの個人性ではなくて、オトコの属性。（中略）
つまり、彼女たちの選ぶオトコの属性は、彼女たちが自分自身に欲しがっている属性なのね。

中村うさぎは、日本の女性エッセイストの先頭を走る作家だ。

エッセイといっても、書いているのは決してキラキラしたライフスタイルなどではなく、内容は、**血が吹き出して泥が飛び、読者も流血するわ作者は返り血と自分の血両方に濡れるわ、**そのへん一面血の海にしてしまう凄まじい文筆活動である。

彼女はライトノベル作家業でお金が入ったときから、壮絶な買い物依存症やホスト依存性に陥り、その有様をまるっとエッセイにしてきた根っからの作家である。

つまりは浪費や都会生活を書いたエッセイなのかなー、なんて思うのは甘い。そんな生易しいものではない。

というのも、彼女は一貫して「私の内側に吹き出る欲望はいったい何なのか?」という問いをひたむきに追いかけており、その問いを自ら解決すべく、欲望を忠実に体現させて文章にしているからだ。

ブランドバッグを買い漁りたいこの欲望はどこから来ているのか? ホストに惚れ込んで

しまった自分はいったいどういう人間なのか？

ふつうの人だったら「いや、これ以上は人としてやばいでしょ」と怖じ気づいてしまうところで、中村うさぎは「ここから先を見たい！」と叫んで、踏み込んでしまう。買い物に依存しホスト狂いになり整形しまくりデリヘル嬢にまでなる。

その分彼女は血を流すし、しかしその血はおもしろい文章に変わる。

こんな濃密な文章をお金で買える世の中って変な感じだ、と私は中村うさぎのエッセイを読むといつも思う。

中村うさぎの文章がいつもすごいのは、その斬りっぷりがまず自分に向いていることである。鋭い刀で他人を批判して斬ってゆくだけなら、ほかにも刀の使い手はいる。だけどそういう人の言葉は、どこか生やさしい違和感がある。

だけど中村うさぎの刀は、何よりまず、斬られる痛みと傷口の深さを自らに課す。そしてちゃんと他人も斬る。凄まじい切れ味で。

「痛いよね、わかるわかる」と笑いながら。

「女とは何か？」という問いにあの手この手で迫ったこの『愛という病』は、メイド喫茶で働く女、腐女子、エロい女、ダメ男にハマってしまう女、女を出すことに恥を覚える女、いつまでもナウシカに憧れる女……たくさんの女を観察しながら（そして自分を観察しながら）女に関する考察を女自らが述べる。


なぜ女は恋をするとバカになるのだろう？

エロいってどういうことだろう？

どうして他者が怖いのだろう？

なぜ女は共感したがるのだろう？

オカマの毒舌が許されるのはなぜか？

女が女に嫌悪を持つのはどうしてだろうか？


そこに書かれている女の姿は、生々しくてグロテスクで、「こ、ここまで深掘らなくても」と慄《おのの》いてしまうものもある。

だけど同時に**ここまで切実に「女とは何か？」を考えている人がいることに読者は救われる。**

自分の中の「女」という成分をもう一度しっかり見つめ直したくなるし、何かがねじれているものがあるとすればそこをほどいてみたくなる。

何故、女は「愛し愛される事」に固執するのか？　他のすべてに充足していても、「愛し愛される相手がいない」という一点の欠落だけで、自分を価値のない存在のように感じてしまうのは何故なのか？

（中略）

これさえ解ければ、女たちは今よりずっとラクに生きられるような気がするのだ。「視られる性」としての自意識を過剰に発達させ、摂食障害や恋愛依存といった地獄にハマってしまう女たちも、この「愛し愛される事」への執着さえ解ければ、もつれていた糸がほどけるように、するりと袋小路から抜け出せるのではないか。


私は世の中の女の人みーんなに、中村うさぎを読んでほしい。中村うさぎは、女という性の先頭を走っているから。

女であることから逃れられる女なんていない。どんなに満たされていても満たされていなくても、私たちはすべからく女である。

ジェンダーフリーが叫ばれる昨今だからこそ、社会的な意味の「女」というものが複雑になってるなぁ、と感じる。女であるということの輪郭がぼやけ、よくわからなくなっている。女という属性に縛られる必要はないけれど、そもそも自分が人間である、というレベルで社会的に女という性は存在する。

また『愛という病』の中でも「男の女性化」というフレーズが出てくるように、男性だって、今まで女性が苦しんできたようなことをこれから苦しみはじめるかもしれない。もちろんそれは女性だけが持っていた快楽を男性も持ち得ることとセットだろうけれど。

なら、やっぱり中村うさぎを読むべきだ、と私は思う。苦しんでいるのは自分ひとりではなく、こうやって問いを追いかけ続けている人が本を出してくれているんだから。

《人生を狂わせるこの一言》

女たちが「あたしのこと愛してる?」と確認したがるのは、べつに男に捨てられる事を心配しているのではない。「愛されている」という「関係性の中での自己確認」ができないと、オキシトシンの分泌が止まり、相手の男に対する愛情も消え失せてしまうからだ。

いつだって、愛したいし愛されたい。私たちは。どうしようもなく。

だけどその源泉は結局ナルシシズム――畢竟、自分への愛であるだけかもしれない。


一見、対照的な生き方をしている両者だが、その心の中には二人とも同じ暗い穴を抱えている。「孤独」という名の、決して埋まることのない穴だ。

たとえ愛するパートナーがいても、誇りの持てる仕事で評価されていても、女たちは皆、心の中に、この穴を抱えているのである。その穴は、若い頃には針の穴のように小さいが、年を取るにつれて徐々に大きくなっていき、そこから冷たい風がひゅうひゅうと吹き込んでくるようになる。その風を胸の奥に感じた時、女たちはふと仕事や家事の手を止めて、こう呟くのだ。

「私の人生には、何の意味があったんだろう？　私という人間を、いったい誰が理解してくれているというの？　結局、私という存在には、何の価値もないんじゃないかしら？」


みんな孤独な人間だ。しょうがない。

だけど、こんなふうに孤独と向き合っている人がいるって知っているから。だから私は孤独じゃない。

中村うさぎは血を流しながら、いつも「ほら！　ひとりじゃないって！」と笑う。その語り口に励まされるのは、きっと私だけじゃないはずなのだ。

この本を読んだ方に おすすめする「次の本」

『ジョゼと虎と魚たち』
田辺聖子（KADOKAWA/角川書店）

どこか業が深い女たちの物語。短編集なのだけれど、どれもこれも「オンナ」の微妙な心理が描かれていて凄まじい。淡々としているのに色っぽくて、オンナ、としか言いようのない匂いに満ちている。本当にオンナって何なのだろう？

『生きてるだけで、愛。』
本谷有希子（新潮社）

「あたしってなんでこんな生きてるだけで疲れるのかなあ」――主人公はただの女ではない、病んだ女である。主人公の病みっぷりとそれに付き合う男とのやりとりだけで構成された愉快な小説。生きているだけでみんな大変、死ななけりゃ上等。

『思いわずらうことなく愉しく生きよ』
江國香織（光文社）

題名と対照的に、思いわずらいまくりのヘビーな三姉妹の恋愛と日常を綴った小説。DVとかバリキャリとかどこかで見たことのある設定なのに、ほかのどの小説にも負けないくらい、それぞれの女性の心理や行動がすっごくリアル。女っていくつになってもどんな道を歩んでも大変なんだなぁ……としみじみ思う。だけど読後感は良いので人生に惑うすべての女性におすすめ。

title: 10

自分の変態度をグレードアップしたいあなたへ

『眠れる美女』

川端康成（プチグラパブリッシング）初出 1961

常識的フェチシズム

VS

狂気的フェチシズム

日本屈指の変態作家といえば川端康成でしょ！　ノーベル賞作家の描く美少女の官能っぷりは最高です。

#戦後の日本文学　#ノーベル文学賞受賞作家　#中編小説　#美少女が出てくる小説が好きな人には絶対読んでほしい　#川端康成って日本の小説家の中でいちばん変態だと思う　#老人がひたすら眠る女の子と添い寝　#デカダンス文学とも言われるやつ　#変態になりたいときに読もう

美人には、眠っていてほしい。

眠れる森の美女――そんな題名の童話もありますが、眠っている美少女、というのはどうにもこうにも魅力的です。

夜への誘惑を掻き立てられるからなのか、**起きている時間への妄想が膨らむから**なのか、**あるいは何をしても怒られないから**なのか、その理由は様々でしょうが。

たぶん、**ある男たちにとって「眠る美少女」は究極のフェチシズム**なんですよね。

美しい彼女が起きて自分に笑いかけるよりも、ずっとずっと魅惑的で官能的で美しい姿――それが「眠る美少女」。

川端康成の『眠れる美女』という小説は、「眠る美少女」への偏愛つまりフェチシズムを**ものすごーくエロティックに、美しく、そして妖しく描いています。**読んでいると女の私でもふはぁ、とため息をついてしまうくらい、フェチというものへの狂気を感じる。

偏愛とはすなわち狂気です。本当に。

小説の舞台は、海の近くに建っている宿。そこは薬で眠っている裸の女の子と添い寝をすることができる、秘密の娼館。やって来た客はこう言われるのです。

「たちの悪いいたずらはなさないで下さいませよ、眠っている女の子の口に指を入れようとな

さったりすることもいけませんよ」……つまり眠る彼女たちにすこしくらい触ってもいいけど、本番は禁止ってこと。

とはいうものの、そもそもその娼館のお客様はご老人ばかりで、要は本番に至ることのできない男の人だけが出入りを許されているんですね。

主人公は、江口という60代の老人。もう孫までいてけっこうな成功者であり、「む？　まだ俺は本番まで致せるぞ？」とムッとするくらいの、まぁ、元気なお爺さんです。

興味本位で来てみただけなのに、一度この「眠っている美少女との添い寝」を経験してしまうと、どうにもこうにもその悦楽に取り憑かれてしまい、何度も宿へ訪れるようになります。

ちなみにこちらが三度目に来たときの様子（いや、「慣れているのかな」じゃないやろじいさんっ、とツッコミを入れたい文章です）。

江口は立って隣室の戸をあけると、そこでもうあたたかい匂いにあたった。ほほえんだ。なにをくよくよしていたのか。娘は両方の手先きを出してふとんにのせていた。爪を桃色に染めていた。口紅が濃かった。娘はあおむいていた。

「なれているのかな。」と江口はつぶやいて近づくと、頬紅だけではなく、毛布のぬくみで顔に血の色がのぼっていた。匂いがこかった。上まぶたがふくらみ、頬もゆたかだった。

びろうどのかあてんの紅の色がうつるほど首は白かった。目のつぶりようからして、若い妖婦が眠っていると見えた。江口が離れてうしろ向きになって着かえるあいだも、娘のあたたかいにおいがつつんで来た。部屋にこもっていた。

江口老人は前の娘にしたようにひかえめにしていられそうにはなかった。起きていようが眠っていようが、この娘はおのずから男を誘っていた。江口がこの家の禁制をやぶったところで、娘のせいだとしか思えないほどだ。

そして江口が通っていくうち、物語は、とある人の死に遭遇します。その死体は、まるで眠っているように横たわる。

……と、その死の描写はぜひ本文を読んでみてほしいのですがっ。

この小説の不思議なところは、**最初はそのエロティックな設定に「じいさん妄想たくましくしすぎでは！」とかツッコんでいたのに、読んでいくうちにむしろ官能よりもずっとずっと強くある「暗さ」に引き込まれていくところ。**

読んでいくうちに、自分の中のあるフェチシズムが狂ってゆくのがわかるんです。

何へのフェチシズムかって？　それは……最後に言いますから、もうすこしお付き合いくださいね。

さて、冒頭で言ったように、どうして眠る美少女って私たちを惹きつけるのでしょうね？　私は、この『眠れる美女』という小説の中にひとつの回答を見たんですよ。

この小説の中で、江口は本番まで致せる娼婦よりもずっと高い金額を、この眠る美少女との添い寝につぎ込んでいるわけです。なぜだと思います？

――小説の中に、こんな文章があります。

娘が決して目をさまさないために、年寄りの客は老衰の劣等感に恥じることがなく、女についての妄想や追憶も限りなく自由にゆるされることなのだろう。目をさましている女によりも高く払って惜しまぬのもそのためなのだろうか。眠らせられた娘がどんな老人であったかいっさい知らぬのも老人の心安さなのだろう。老人の方でも娘の暮らしの事情や人柄などはなにもわからない。それらを感じる手がかりの、どんなものを着ているのかさえわからぬようになっている。老人どもにとってあとのわずらわしさがないという、そんなまやさしい理由だけではあるまい。深い闇の底のあやしい明りであろう。

眠っているから老人に恥をかかせなくて済む、とか、いろいろ処理が楽だ、とか、そんな理由だけではない。眠る美女にあるのは「深い闇の底のあやしい明り」だ、という。

「深い闇の底の、あやしい明り」。これは何でしょう？
私は、この言葉に……「死」を連想します。

江口は枕に片肘突いて娘の手をながめながら、「まるで生きているようだ。」とつぶやいた。生きていることはもとより疑いもなく、それはいかにも愛らしいという意味のつぶやきだったのだが、口に出してしまってから、その言葉が気味悪いひびきを残した。なにもわからなく眠らせられた娘はいのちの時間を停止してはいないまでも喪失して、底のない底に沈められているのではないか。生きた人形などというものはないから、生きた人形になっているのではないが、もう男でなくなった老人に恥ずかしい思いをさせないための、生きたおもちゃにつくられている。

《人生を狂わせるこの一言》

いや、おもちゃではなく、そういう老人たちにとっては、いのちそのものなのかもしれない。こんなのが安心して触れられるいのちなのかもしれない。

眠る女たちは、まるで、死体のように横たわっている。いや、もちろん死んでいないことは明白だけど、それでも「眠り」は江口に「死」を思わせる。

そう、私たちが眠る美少女に惹かれるのは——**どこかで、その美少女が美しい死体になったときのことを想像するから、**なのかもしれません。

死体とは、「人形」あるいは「おもちゃ」。生きている人間よりもよっぽど生と死を知ることのできるもの。そして絶対に反応してこない、受け身の「死体」である女の子。

それが、私たちを惹きつけてやまない「眠る美少女」の正体かもしれない。

こうして『眠れる美女』という小説を通して、私たちは**「性」へのフェチシズムから、どんどん「死」へのフェチシズムへ傾けられます。**

——「死」に誘惑される。それは自分が死にたいとかそういうことではなくて、もっともっと倒錯したところで、「死」自体が魅力的であることを知るということ。

怖い見たくないって思う一方で、死を見てみたい。死体に触ってみたい。

命がなくなったものの正体を知りたい。

ふつうに日常生活を送っていれば気づかないですむ欲望ですね。

だけどそんな暗い欲望に、川端康成の美しすぎる文章に誘われると気づいてしまう。死とか性とか、「深い闇の底のあやしい明り」に灯された静かな欲望に。

……うーん、小説って、罪作りですねぇ。

この本を読んだ方に おすすめする「次の本」

『蜜のあわれ』　室生犀星（小学館）

老人の「おじさま」と、時に17歳の女の子になる金魚「あたい」のかわいくて色っぽい恋のお話。もう、谷崎といい川端といいこの人といい、日本の文豪がこういうちょっと振り回してくるコケティッシュな女の子が好きなのはよ〜〜〜くわかったよ！　美少女（美魚？）が妄想半分で出てくる話が好きな人、ぜひ。

『夜は短し歩けよ乙女』　森見登美彦（角川グループパブリッシング）

というわけで21世紀になっても「妄想全開の美少女」は小説家によって描かれ続けるのであった。あらゆる京大生の妄想を過大膨張させた罪な美少女「黒髪の乙女」が出てくる小説。昭和の美少女に比べてちょっと手が届きそうな感じになっているけど、でもやっぱり男が振り回されたいのは変わらない。日本人男性の永遠の妄想や、如何に。

『「妹」の運命ー萌える近代文学者たち』　大塚英志（思潮社）

日本文学は、「妹萌え」という病理に犯されている。詩から文学からラノベやアニメに至るまで、日本の物語において、「妹」であり同時に「母」である「少女」は過剰に登場してきたことを論じる一冊。うわっ、あの本もあの漫画も「妹萌え」じゃないかっ、と気づいてしまう罪な本。言わずもがな、川端文学はこの病の筆頭である。

title: 11

小説家や画家に頭が上がらないと思っているあなたへ

『月と六ペンス』

サマセット・モーム（金原瑞人訳・新潮社）初出1919

芸術は
人生を豊かにする
VS
芸術は
人生を狂わせる

絵に取り憑かれた画家の一生を通して、「芸術」の魔力を描いた一冊。鑑賞者ってつくづく楽だ……とか思っていたら殴られてしまう。

#イギリス文学　#20世紀初頭　#芸術というものの魔力　#画家ゴーギャンがモデル　#金原瑞人さんの新訳も素晴らしいのでぜひ！　#作者は実はイギリス諜報機関のメンバーだったんですよ　#才能と芸術をめぐる小説　#読むと芸術家に土下座したくなってしゃーないんですよね

芸術というものに取り憑かれた人物について描かれた小説を紹介しよう。

『月と六ペンス』の主人公「私」は、40歳を過ぎていて冴えない男、画家のストリックランド（ゴーギャンをモデルにしたと言われている）に出会う。

ストリックランドはロンドンで何不自由ない生活を送っていたのに、ある日突然、失踪してしまう。

なんと彼は「絵を描く」ために何もかも捨てた、と言うのだ……。

ストリックランドはひたすら「芸術」しか見ていない。描く以外、ほかには何もいらないのだ。たとえ自分の絵が売れても売れなくても、そんなのは関係ない。なぜならストリックランドが見ているのは決して鑑賞者ではなく、芸術そのものだから。

ストリックランドは、芸術のせいで人生ががたがたと狂っていっても、おかまいなしである。

彼が色や線に固有の価値を置いているのは間違いない。駆り立てられるようにして自分の感じたものを伝えようとしている。そのためだけに、独自の色彩や猫線を創り出したのだ。追い求める未知のなにかに近づくために、なんのためらいもなく対象を単純化し、歪めた。

事実などどうでもいい。なぜなら身の回りにあふれる些末な事象の奥に、自分にとって意味があると思えるものを探し求めていたからだ。まるで、宇宙の魂に触れ、それを表現せざるを得なくなったかのように。

文学も、絵画も、音楽も、あらゆる素晴らしい芸術は、神様に愛された天才たちの、すべてをなぎ倒すほどの努力によって成り立っている。

なんでもない、くだらない人間の一端である私が、その天才たちがそうまでして残したかった何かに、美術館や書店やコンサート会場に足を運んで、謝礼つまりお金をすこし払うだけで触れられるなんて手軽なものだ。

鑑賞者はつくづく楽な存在だな。

……とか思っていたら、サマセット・モームに殴られてしまう。

美とは、芸術家が世界の混沌から魂を傷だらけにして作り出す素晴らしいなにか、常人がみたこともない何かなんだ。それもそうして生み出された美は万人にわかるものじゃない。

美を理解するには、芸術家と同じように魂を傷つけ、世界の混沌をみつめなくてはならない。

たとえるなら、美とは芸術家が鑑賞者たちに聴かせる歌のようなものだ。その歌を心で聴くには、知識と感受性と想像力がなくてはならない

『月と六ペンス』に出てくるこの言葉。

すいませんでした、と土下座したくなる。本当にそう。そうなのだ。鑑賞者だって、芸術家と同じくらい「魂を傷つけ」なくてはならないのだ。

もちろん芸術なぞ、結局は好きに鑑賞すればいい。

クラッシックコンサートで寝てしまっても、美術館で絵を見ずに恋人とばかり話しても、文学を自分の部屋のインテリアに使っても、それはその人の自由だ。

けれど実は、そこに描かれた芸術の本当の意味みたいなものを理解したいのならば、芸術

家と同じように鑑賞者は知識と感受性と想像力を使わなくちゃいけない。そういうふうにできているのが芸術というものだから。

生半可にばかり鑑賞していては、うまく呑み込めないか、消化不良で体調が悪くなるだけだ。**読書にしても、小説っていうひとつの芸術作品を本当にわかろうと思ったら、その書き手に追いつかなきゃいけない。**

もちろん追いつかなくても小説を楽しむことはできる。それでもどっかで、私は鑑賞者として作家に追いつきたいと心底願っている。

鑑賞者としてちゃんと小説をわかりたい。そのための努力をしたい。あなたをわかりたい。

――そんなことを思うのは、一部の、小説に狂わされた人だけだろうけど。

『月と六ペンス』を読むと、芸術というものがいかに人を狂わせてきたのか、狂わせてゆくのかがよくわかる。

サマセット・モームの、この腹の括り具合と、芸術に対する狂気をなんとも思わない感じが私はとても好きだ。

才能というのは神様に見初められた人にだけもたらされるもので、神様はその人の人生が狂おうがどうなろうが興味はない。ただひたすらに芸術を生み出させるのみだ。

人生をそこまで狂わせる、芸術っていったい、何？　そんなことを思ったら、『月と六ペンス』を読んでほしい。
あなたももしかしたら、この小説に狂わされてしまうかもしれないから。

この本を読んだ方に おすすめする「次の本」

『地獄変』
芥川龍之介（集英社）

日本版『月と六ペンス』とも言える、狂気と正気の狭間で、芸術に取り憑かれた男の物語。短編小説なのでさらりと読めるが、最後の一シーンは息を呑む。これを読むと、そりゃ芥川も自殺しちゃうよな、と納得してしまう……。

『移動祝祭日』
アーネスト・ヘミングウェイ（新潮社）

「もし、きみが、幸運にも青年時代にパリに住んだとすれば、きみが残りの人生をどこで過ごそうとも、それはきみについてまわる。なぜなら、パリは移動祝祭日だからだ」。芸術家の日常が思い出とともに綴られる。1920年代、小説家ヘミングウェイがまだ修業中だった頃の、パリに住んだ日々を回想した随筆。妻への追慕、数々の芸術家との交流、執筆修行の日々。

『チョコレートコスモス』
恩田陸（KADOKAWA）

伝説のプロデューサーが開催する奇妙なオーディションが、数々の女優たちと脚本家たちを取り巻く。「才能が花開く瞬間」というものを描いた小説。さて、舞台の上で才能を開花させられるのはいったい誰だ？　ページをめくる手が止まらない！

title : 12

『イメージを読む』

旅先での美術館をちっとも楽しめないあなたへ

若桑みどり（筑摩書房）初出 1993

絵は感性で見るもの VS 絵は知識で読むもの

モナ・リザの秘密やルネサンスの謎。絵は見るだけじゃなく、読めるものなんだ！ と教えてくれる美術史入門。

#美術鑑賞の入門書 #なのになんだかスリリング #ルネサンス芸術専門家 #西洋絵画の図像学解説 #ミケランジェロ #ダ・ヴィンチ #デューラー #ジョルジョーネ #絵画の隠された謎 #芸術のことをもっと深く知りたい人へ #海外旅行で美術館へ行く前に読みたい一冊♪

モナ・リザのモデルは誰だろう？　——もはや使い古されたＴシャツみたいな、古典的な芸術史の謎である。

あなたはモナ・リザの絵を見たことがあるだろうか？　不思議に微笑んでいて、こちらをじっと見る女性。黒い装束に身をつつみ、その背景はぼんやりしている。

こんなに有名な絵画でたくさんの研究者がその謎に挑んでいるのに、モナ・リザのモデルはいまだに不明だ。すこし芸術に詳しい人なら、そのモデルがダ・ヴィンチの想い人だったとか、はたまた自画像の女装バージョンだったとかいう説を知っているかもしれない。

『イメージを読む』の著者、若桑みどりさんもまた、その謎に挑むひとりの研究者である。


「ふつう肖像画なら身分がわかる格好をさせるのが普通なのに、モナ・リザは指輪もアクセサリーもつけない、ただの黒い服を着た女性だ」

「背景もどこかちぐはぐで、場所を特定できない」

「よく見るとモナ・リザのお腹はすこし膨らんでいる」


——言われてみれば、たしかに。

若桑さんはこれらの条件から、「『モナ・リザ』の謎は、『神のいない宇宙観』だ」と説明する。

ダ・ヴィンチは、神の名のもとに戦争も科学も政治も行われていた時代にあって、例外的な無神論者だった。

――それがどれほどすごいことで、だからこそダ・ヴィンチの作品は今の時代の私たちの心にも響く絵画となったのか、と、この本を読めばわかってもらえると思う。

わかりやすくおもしろい美術史の入門書である『イメージを読む』の中で、若桑先生はこう言う。

――ある時期までは、画家は思想を伝えるためにのみ描いていたのです。――

――「芸術家」というものの印象がふわっと浮き上がるように変わったのは、この本を読んでからのことだった。芸術家といえば、天才でこれを描きたいなんていう衝動で生きていて「芸術は爆発だ！」なんて叫んで……そんな印象ばかりだった。

そういう芸術家もいるにはいるが、そういう人が出てきたのはごく最近のことで、私たちがふだん美術館で見かける絵画のほとんどは、**芸術家がまだ「職人」に近かった時代のものだ。**彼らは言葉のかわりに絵や彫刻を使っていたのである。

その絵に、彫刻に、言葉でない方法で彼らは伝えたいことを託したのだ。

芸術を理解するには、その芸術が生み出された思想や時代を理解しなければならない。これはとてもはっきりしたことなのですが、忘れられがちです。芸術は感覚で作られ、感覚で理解される感性の文化だと思う誤解がゆきわたっているからです。

たしかにわれわれは一目でこの芸術に圧倒され、戦慄さえおぼえるのですが、その理由を知るには知性を働かせなければならない。

《人生を狂わせるこの一言》

芸術にいちばん似ているのは人間です。

人間を一目見ただけでその威厳や美しさに戦慄するのはよくあることです。でもわれわれが戦慄したのは、その人間の目の光や、身振りや、いったことばやしたことのせいなのです。人間は外観であると同時に複雑な意味の発信体なのです。

本当にそうだなと思う。ふと、ああこの絵が好きだ、と思うと、その絵のことをちゃんと理解したい、と願う。

愛は理解だ。

まるで言葉のわからない外国人に恋をしたみたいに、よくわかんないけどあなたのことをわかりたい、と心底思う。

そう思ったとき、若桑みどり先生の**『イメージを読む』はとってもおもしろい「語学参考書」となり得る。**

絵はある意味で外国語のように、「イメージ」というものを通して何かを語る。どういうふうに読めばそのイメージが理解できるのか？　若桑先生の明瞭な語り口で「芸術」がすこしだけ、わかるようになる。**絵が読めるようになるのだ。**

どうしてこのマリア様はこんな表情をしているのだろう？　研究され尽くしたとも言われるルネサンス美術の中で、最大の謎と言われる絵画はどんなものなのか？　ミケランジェロの「ノアの洪水」に描かれている人はなぜそのような振る舞いをしているのか？

月に行けて宇宙の謎まで解明されているご時世なのに、人間のことはまだまだわかっていない。この世には謎が多すぎる。

だからこそ、**こうやって人は「芸術」に人間を描く。**

小説でも絵画でも一緒だ。芸術は、**鏡みたいに私たちの世界をうつす。**そして**うつされた小説や絵画の中の謎を解くことで、私たちは人間というものの謎の正体ににじり寄っていく。**そのとき、美術鑑賞という沼にハマる。あなたが人生を変える一枚の絵と出会うのも、そう遠くはないかもしれない。

この本を読んだ方におすすめする「次の本」

『怖い絵』　中野京子（角川書店）

美術の授業では教えてもらえない「美術鑑賞」入門本として最適な一冊。エキサイティングで読みやすく、「絵を見て目からウロコが落ちる」体験をしたい方におすすめ！

『レオナルド・ダ・ヴィンチの秘密　天才の挫折と輝き』
コスタンティーノ・ドラッツィオ（河出書房新社）

『イメージを読む』でルネサンス芸術への知識を入れたあとに読むとよりいっそうおもしろい。ダ・ヴィンチの作品と人生を追った本。あのダ・ヴィンチも案外挫折してたんやな……と見る目が変わる。

『真珠の耳飾りの少女』
トレイシー・シュヴァリエ（白水社）

同名の映画原作にもなった、画家フェルメールの絵の秘密を綴った絵画恋愛小説。誰もが気になる「あの青いターバンの可憐な少女の正体は？」という謎の答えがここにある。小説としてもおもしろいうえに、ほかのフェルメールの絵画にも触れながら17世紀オランダ美術の世界へ飛べる一冊。

title : 13

『やさしい訴え』

静かに感情の波に飲み込まれたいあなたへ

小川洋子（文藝春秋）初出1996

芸術 vs 恋愛

眠れない夜には小川洋子。小説独特の「艶」というものを知る、静謐で美しい恋愛小説。

恋愛小説　# 芥川賞受賞作家　# 本屋大賞も受賞している　# 外国映画のような作品　# 森の中で現実から遊離した愛　# チェンバロをめぐる物語　# 実際にチェンバロの曲を聴きながら読むのもいいね　# 三角関係　# 文章が静謐　# 大人の恋愛小説が読みたいときに

拝啓　小川洋子様

こんにちは、初めてお手紙差し上げます。

ずっとお話を読んできた先生へこうして直接文章を書くのは、なんだか変な気分です。

さて、わたしは小川先生にお礼を申し上げたくて、こうして筆をとっています。


先生には、いつもお世話になっています。本当にありがとうございます。

どうお世話になっているかと言いますと……わたしは先生の小説を読むと、よく、眠れるのです。

あ、「よく眠れる」というのは、決して「眠くなる」という意味ではありません。

そうではなくて、先生の本を読んだあとは、すっと眠れるようになるのです。

なぜか、心がことんと落ち着くのです。


心が沸騰していてどうにもこうにも寝つきがよくないとき、眠りたいけどなんだか目がさめて眠ってしまえないとき、わたしはいつも小川先生の小説を読みます。

短編、長編、随筆、アトランダムに。

本棚を眺め、目が合った本を読みます。

『海』『とにかく散歩いたしましょう』『シュガータイム』『猫を抱いて象と泳ぐ』『妖精が舞い下りる夜』……題名をこうして並べただけで、今も、心のどこかがほっとします。

ベッドの中に本を持ち込み、先生の文章とか世界に触れるだけで、すっと落ち着いて、凪いで、読み終わったあとに部屋の電気を消すと、いつのまにか眠れているのです。

この作用は何だろう、とたまに考えるのですが……小川洋子先生の描かれる世界が、どこかわたしが夜に見る「夢」のテンションに似ているからかなぁ、と思っています。

自分が主人公だったりまなざす主体だったりするのだけど、遠くの人々を見つめているような、目覚めたらすべて忘れてしまいそうな、だけどそこにちゃんと実在している世界。

先生の小説は、夢の世界によく似ています。だからきっと体が「眠る」状態に落ち着くんです。

そんなわけで、眠れない夜には小川洋子先生、とわたしの中では決まっています。

いくつもの眠れない夜を助けてくださって、本当にありがとうございました。

さて……小川先生の本はどれも大好きなのですが、『やさしい訴え』は、ほかにはない感情を訴えてきて、とくに、好きです。すこし感想を話させてください。

先生の描く世界の人々はいつも感情をきちんと自分の中で収めていて、あるいは身近なところでひっそりと発散するすべを持っています。いつも何かをなくしているのに、それをしんとして受け入れている人たち。

小川先生の作品に出てくるそんな人たちをいつも愛おしく思いながら小説を読んでいるのですが、この『やさしい訴え』は、すこしだけ別だと思うのです。

『やさしい訴え』は、自分の中で感情を収めながらもそれが「吹き出てしまう」瞬間がきゅっと描かれていて、読むたびわたしは胸が締め付けられてしまうのです。

『やさしい訴え』には、チェンバロをつくる男の人と、その弟子の女の人と、カリグラファーの女の人が出てきますね。

わたしはこの小説を読んでいるうちに、ああ、と思いました。

――ああ、この三人が、みんな同性だったらどうなっていたんだろう。

芸術というものを目の前にして、男も女もない、とふだんは思います。演奏がすべてですし、その音色を素晴らしいものにできる人は男女問わずいらっしゃいます。クラッシック音楽を聴いていても、基本的には性別を見ずに「素敵な演奏だなぁ」と思うものです。たとえば『やさしい訴え』の中の薫さんだって、新田さんの性別の前にまずそのチェンバロづくりに惹き付けられていますよね。

だけど、この『やさしい訴え』の三人の中には――どうしたって『男女』でしかありえない感情が生み出されていきます。

だってどうしようもなく、新田さんは男の人で、薫さんと瑠璃子は女の人だから。そして三人の前に、チェンバロの音色が横たわっているから。

つまり、その演奏に惹かれることと、異性としてその演奏者に惹かれることを、どうしても分けられないから。

「わたしだってあなたのチェンバロが聴きたかった。本当はそれだけでよかったの。傷の手当てなんかしてくれなくても、ミルクなんか温めてくれなくてもよかったの。チェンバロさえ弾いてくれたら、抱いてなんかくれなくてもよかったのよ」

この発言のあと、瑠璃子は「嘘だ」と言いますが、それでもわたしは、ここを読んだとき泣

けてしょうがなかった。

新田さんと瑠璃子は男女の関係になる。新田さんは瑠璃子を抱いてくれる。

だけど新田さんのチェンバロは……瑠璃子の前では奏でられず、薫さんの前でのみ奏でられる。

——あなたのいちばん近いところに行ったはずなのに。瑠璃子はそう思ったのではないでしょうか。だって男と女の世界において、ひとまず肉体関係を持つことは、いちばん近しい相手になることであるはずだもの。

だけど……男女関係の手前に、彼らには「チェンバロ」が横たわっている。


それってこのうえなく美しいことで、同時にこのうえなく残酷だと思うのです。

わたしはあなたのことを男の人として好きなのに、同時に、あなたのチェンバロが好きでしょうがない。

いや、男の人として好きだからこそ、あなたのいちばん深い「ほんとう」まで触れたくて、あなたの「ほんとう」に惹かれている。新田さんの「ほんとう」は、新田さん自身よりもずっとずっと強く、チェンバロという楽器の中にある。

瑠璃子はわかっていたはずです。抱いてもらうよりも、チェンバロを演奏してもらう方が、新田さんの近くにいるのだ、と。——だからあんなに嫉妬したんですよね。

いつだって芸術は、人ひとりぶんよりも、もっと強く巨大なところに横たわっています。だけどわたしたちは誰ひとり残らず人ひとりぶんのサイズしか持っていない。だからわたしたちはいつも、余分なものを持て余してしまう。

……もし、瑠璃子と新田さんが「チェンバロ抜き」で出会っていたら。

こういう仮定は意味をなしませんよね、だって瑠璃子と新田さんはチェンバロがそこにあったからこそあんなにも近しくなったのだから。

だけど、もし、と一読者として思ってしまうのです。

もし瑠璃子と新田さんの間にチェンバロがなければ、もうすこし瑠璃子は幸せになれたような気がするのに、と。

時には男女関係よりももっとずっと高次のところでつながってしまう何かがある。だけど、ふたりが男と女であるってことが、それによってなしにはならない。

そんな切なさに対して、いつもの小川先生の世界の人々だったらぎゅっと耐えるものを、この小説だけはすこしだけ痛みの痕跡が吹き出していて、やっぱり読者としては泣けてきてしまいます。

現実には、瑠璃子みたいに本当の望みというものを言う機会なんてたぶん誰しも多く持っていなくて、だからこそ小説の中ですこしだけわがままを言っていると、自分を重ねられてやさしい気持ちになるのかもしれません。

小川先生の小説を読むと心が凪ぐのは、そういう、日常生活で溜まったり放出しきれなかったりした澱みたいなものをふいに飛ばしてくれるからかもしれない……と、今思いました。

ともかく、『やさしい訴え』に出てきたみなさんが、今はひっそりと幸せであることを願ってやみません。

先生、こんな素敵な小説を、ありがとうございました。


長くなってしまいました。

わたしはこれからもずっと小川先生の小説が大好きです。

ベッドの中でも、もちろん椅子に座っても、ずっとずっと読み続けていきます。お体にはくれぐれもお気をつけてくださいね。

いつも本当にありがとうございます。これからも楽しみに待っています。

敬具

この本を読んだ方に
おすすめする「次の本」

『夜想曲集：音楽と夕暮れをめぐる五つの物語』カズオ・イシグロ（早川書房）

こちらも「音楽」と「大人の恋愛」が詰まった短編集。『やさしい訴え』と同じように、ユーモアがあって品がよくて、だけどどこか切なくて哀しい大人たちのあれこれ。「夕暮れ」というからには、「人生もはや黄昏時」に差し掛かった人々の物語なので、しみじみと小説を読みたいときにおすすめ。

『ブラームスはお好き』
フランソワーズ・サガン（新潮社）

アラフォーの女性がひとまわり年下の男性と同世代の男性の間で揺れる、いかにもフランスな恋愛小説。設定だけ聞くといかにもフランスなのだが、読んでみると案外甘すぎなくてべたべたしていなくて、『やさしい訴え』と同様に落ち着いた文体で描かれた大人の恋愛小説。

『説得』
ジェイン・オースティン（筑摩書房）

オースティンの小説の中でもっともしとやかに落ち着いた、大人な恋愛小説。ある事情から婚約を破談したあと、ヒロインはずっと独り身で婚期も逃しつつ、容色も衰えていく……しかしそんな中でヒロインが再会したのは？　派手でなくとも、丁寧で細やかな心情描写が読みたいときに。秋の夜長にぴったりな一冊。

title: 14

本気の美しさを見たいあなたへ

『美しい星』

三島由紀夫（新潮社）初出1962

美は善

VS

美は呪い

日本史上もっともロマンチストだった作家・三島由紀夫による究極の人間賛歌。

#SF小説　#自分たちはほかの天体から飛来した宇宙人であると思い始めた一家のお話　#思想小説　#2017年に映画化（亀梨くんがいい役してた）　#文章も美しい　#現実から離れたいときに読みたい一冊

美は呪いだ。

人間は美しさに殺されるし、同時に、美しさをよすがに生きている。

——そんなことを本気で信じていたのが、三島由紀夫って人だったんだなぁ。『美しい星』を読むと、しみじみ思う。

そのとおり三島由紀夫は美しさによって死んでいったし、美しすぎる地球や美しくない現実に呪われて、そしてその美しい死はたくさんの人に呪いをかけていった。彼の本気の美しさへの追求たるや。一小市民としてほぇーと唸る。

私は、三島由紀夫が好きか、と聞かれたら、正直首をひねらざるをえない。いまだによくわからないってのが本音だ（『金閣寺』も『仮面の告白』もいまいちノれなかったし）。だけど、この『美しい星』という小説はなんだかとってもいいなぁ、と思う。

何がいいって、**こんだけ自分の思想や美学を「本気で」信じている人なんてたぶん三島由紀夫以外にいなくて、**それはすっごく孤独なことで、そしてその孤独な思想っぷりを文学にぶつけた結果、**「いやややっぱりどうかと自分でも思うんだけどさ……でもやっぱり俺は本気でこう思うわけよ、誰がわかってくれなくてもいいんだけど！」**なんて言う彼の気配が感じられるところが、いい。

本気で何かを信じるとき、たいていそれは誰にもわかってもらえない。というかむしろ他人からは気持ち悪がられるのがオチだ。

だけどそれでも、信じる。

だってそれが美しさだから。――三島由紀夫は、本気でそう言っているんだと思う。


『美しい星』は、三島唯一といっていい「SF小説」だ。

時代は、東西冷戦が起こって核兵器が世界を滅ぼすんじゃないか――そんなふうに思われていた頃。ある日、埼玉県の旧家である大杉一家は「空飛ぶ円盤」を見たことで、自分たちが「宇宙人」であることに気づく。父・重一郎は火星、母・伊余子は木星、息子・一雄は水星、娘・暁子は金星から来た――彼らは本気でそう信じたのである。

一家は、本当は自分たちが宇宙人であることを隠しながら、核兵器の恐怖による世界滅亡の危機を救おうとする。

父は各地で講演会を開催したり、母はフルシチョフに手紙を書いたり……そんなことをしているうちに、娘・暁子の妊娠が発覚する。しかし暁子は「自分は処女懐胎だ」と言うのだ。金星人は、そうやって子孫を増やすのだ、と……。

最初は、「何、ＳＦ？　宇宙人？　ふぁっ？」と戸惑うのに、その文章のきらきらっぷりに惹き込まれて読んでしまう。

結局、彼らが本当に宇宙人なのかどうかなんてことは問題じゃない。**彼らがそう「思い込んだ」ことが大事**な小説なのだ。

「これは美しい」と思い込むことは、「私は宇宙人だ」と思い込むことと本質的に違いはない。ただそこに他人の賛同が得られるかどうかの差があるだけで。

私たちが本当に何かを大切にしたり、強く信じたり、夢見たり、美しいと思うことは、実は「自分たち一家は宇宙人である」と思い込むことと同じくらい強く、ある種のキモチワルさを残す。きっとほかの人から見たら「なんでそんなに……」って引かれると思う。それがどんなに切実なことでも。

他人から見たら「自分たちだけが宇宙人だと思い込んだ一家」なんて、キモチワルいしイタいことこの上ない。だけどそれは他人から見た視点であって、家族一人ひとりから見たら切実な真実だ。

何を真実として何を美しいと思うかなんて、その人の信念でしかない。信念というか、狂気。

私たちは生きているかぎり、思い込みという狂気のうえで踊るしかない。たとえその思い込みが嘘だったり間違いだったりしたことがわかって絶望したとしても、それでも生きていくしかない。

三島由紀夫は、その信念に対する本気度がちょっと飛び抜けていたんだと思う。生きることとか、人間とか、国家とか、そういう大きなものに対する思想や美学。——彼は本気で、切実に「美」を追いかけていたんだと、小説を読んでいるとわかる。

その、**ちょっと傍から見たら引いてしまうほど強く強くピュアな、人間や世界や美しさへの憎悪と賛歌。**そんなものが小説『美しい星』には、子どもの宝石箱みたいにぎゅうぎゅうと詰め込まれている。

「早く人間よ、滅びてしまえ！」と銀行員は、醜くひらいた鼻孔を見せて、呪詛の祈りをはじめた。「生れると匆々、糞尿のなかをころげまわり、年長じて女の粘膜にうつつを抜かし、その口はいぎたない飲み喰いと、低俗下劣な言葉と、隠しどころを舐めることにしか使われず、老いさらばえて又再び糞尿のなかをころげまわる、人間という穢らしい存在よ、一刻も早く滅びてしまえ！　嫉妬と讒謗に明け暮れて、水と虚偽なしには寸時も生き

られぬ、人間なんぞ早く滅びてしまえ！　汚れた臓物にみちみちた、奇怪な皮袋をかぶった存在よ、もう我慢がならん、滅びてしまえ！　消えて失くなれ！」

他人が引いちゃうような本気の思想が、小説の中で「宇宙人」という壮大なるメタファーを用いることで、やっと美しい小説の形になっている。

だから私はこの小説が好きだ。すこしユーモアが入っていて、作者と自分の思想との間にいい塩梅の距離感がある。メタファーの力ってこういうものだ。

三島由紀夫の演説には引いてしまうけれど（ごめん）、『美しい星』という小説には感動する。その思想の純度と本気度と、それをついぞ誰とも共有できなかっただろう孤独にうるっと来てしまう。

そりゃここまで本気で「美とは？　人間とは？　命とは？」って考えた人、あんた以外にいないよ……ほかの人はついていけないよ……としみじみ思ってしまう。

ロマンもロマンスも、他人から見たらキモチワルい。だけどだからこそ自分にとって最高に美しいのだ。しょうがない。

美しさに一度呪われてしまったら、最後までその呪いに付き合うしかない。たとえその美しさに殺されたとしても。

だが、もし人類が滅んだら、私は少くともその五つの美点をうまく纏めて、一つの墓碑銘を書かずにはいられないだろう。この墓碑銘には、人類の今までやったことが必要かつ十分に要約されており、人類の歴史はそれ以上でもそれ以下でもなかったのだ。その碑文の草案は次のようなものだ。

《人生を狂わせるこの一言》

『地球なる一惑星に住める
　人間なる一種族ここに眠る。
彼らは嘘をつきっぱなしについた。
彼らは吉凶につけて花を飾った。

彼らはよく小鳥を飼った。
彼らは約束の時間にしばしば遅れた。
そして彼らはよく笑った。
ねがわくはとこしなえなる眠りの安らかならんことを』

この本を読んだ方に おすすめする「次の本」

『太陽の黄金の林檎』
レイ・ブラッドベリ（早川書房）

三島由紀夫はどこかブラッドベリに通じるものがある。隠しきれない品の良さ、隠しきれないロマンチシズム、隠しきれない美意識、なのにそれをどこかで覆い隠そうとしているところ。中でも『太陽の黄金の林檎』はブラッドベリ初心者にもおすすめな短編集。本当に傑作揃いだし、最近、新装版も出て手に取りやすくなったし。

『エロティシズム』
ジョルジュ・バタイユ（筑摩書房）

三島由紀夫がもっとも影響を受けたというバタイユの哲学書。禁止を超えることの官能を説いた一冊。死と美を論じたバタイユ節は、『美しい星』を読むとよりわかりやすく理解できるはず。

『ひとにぎりの未来』 星新一（新潮社）

実は三島は「日本空飛ぶ円盤研究会」という UFO 研究会を開催しており、その研究がこの『美しい星』にも生かされたのではないかと言われている（ほんとかよ）。ちなみに参加メンバーは石原慎太郎に荒正人に星新一とそうそうたるメンツである。というわけで円盤研究会所属の星新一ショート・ショート SF 集。空飛ぶ円盤もちゃんと出てくる。

title: 15

結婚前（後）に夫婦の真髄を知りたいあなたへ

『死の棘』

島尾敏雄（新潮社）初出 1977

結婚という
夢物語
VS
夫婦愛という
サスペンス

元祖メンヘラ女性小説。620 ページ、妻がひたすら病んでいる夫婦文学でございます。結婚に夢を持っている人は、読んではいけない。

私小説　# 夫婦を描く　# 元祖「妻がメンヘラになってしまった……」小説　# 夫婦というものを見つめ直したい人に　# 壊れた家族　# 凄絶な人間記録　# ど独身男性は読まないようにね !!　# 結婚に夢を持ってる女の子も読んじゃダメですよ !!

日本的メンヘラ女性の系譜、というのがあります。
「メンヘラ（精神を病んでいる人のこと）」という現代若者言葉を使うと語弊があるかもしれませんが、「病んだ女性」が日本文学には一定層存在しています。**彼女たちはなぜか時をかけ、日本文学に繰り返し登場している。**

たとえば『源氏物語』の六条御息所。嫉妬を抑圧したばっかりに生霊にまでなってしまった元祖日本メンヘラ女性。現代だったら、綿矢りさや本谷有希子の小説の主人公。今なお確実にこの系譜が受け継がれていますね。たいしたタイムワープ力です。

この日本的メンヘラ女性の特徴は、ずばり**「じわじわと言葉をまくしたてる」**こと。これ、なぜか外国の小説には見当たらないのですよ！

紹介する『死の棘』も、この日本的メンヘラ女性系譜の受け継がれる女性が登場します。それは、主人公の妻・ミホなのです。

「じゃ、どうしてあなたはあんなことをしたんでしょう。ほんとに好きならあんなことをするはずがない。あなた、ごまかさなくてもいいのよ。きらいなんでしょ。きらいならきらいだと言ってくださいな。きらいだっていいんですよ。それはあなたの自由ですもの。き

らいにきまっているわ。あなたね、ほんとのことを、あたしに言ってちょうだい。このことだけじゃないんでしょ。もっともっとあるんでしょ。いったいなんにんの女と交渉があったの？　お茶や映画だけだと言っても、それはおんなじなんですからね」

……読んでいるこちらがお腹いっぱいになるくらいの台詞。長い。長いよ。どんだけまくしたてるんだよ！

しかしこの台詞の間、主人公（夫）は何も言葉を発しません。

そう、**日本の病んだ女性が小説に描かれるとき——彼女たちメンヘラの相手をするのは、ぬるい優しさを持つ日本男性たち**なんですね。

だからこそ彼女たちは言葉をまくしたてられるだけまくしたて、その言葉に男は口を挟まずに沈黙するのです……。

この『死の棘』という小説は、夫の不倫が妻にばれたところから始まります。

不倫がばれただけなら痴話喧嘩で済むのかもしれませんが、奥さんはその事実によって精神に異常をきたしていきます。

この妻、ひたすらに夫を責める。というか攻撃する。夫はひたすらに耐え忍ぶのみ。……言っ

てしまえば、これだけの小説なんですね、『死の棘』。

病んだ妻の言葉の羅列っぷり狂気っぷりに、読者は、まず、引く。「お、おうふ」とドン引き。同時に、話が進むにつれて主人公である夫も、便乗して頭がおかしくなっていきます。妻にひたすら屈服している夫でありますが、彼もまたどんどん狂っていき、家を飛び出して叫んだりします。もうこの小説のカオスっぷりといったら……。

でもね。病んだ描写が続きすぎると、もうそれはそれでおもしろおかしくなってくるんですよ……。これが怖ろしいところですね。頭おかしい描写がクセになる、という奇怪さ。


「あなた帰りたいなら帰ってもいいわよ。あたしはもう少し散歩をします」

「そんなことを言わないで引きかえそう。湯ざめしてかぜでもひいたらどうするんだ」

「あら、あなた、あたしのかぜをひくのがそんなに気になるの。あんなに長いあいだちっともかまってくれなかったくせに」

「それはへんな言いがかりですよ。ミホ、忘れないでくれねえ。昼間墓場のそばのところでもう決してハジメないと誓っただろう」

「あたし今ハジメているのじゃありません。ちかったことは忘れませんよ。あたしはうそが大きらいです。今だってあなたをちっとも責めてなんかいないでしょ。ただじぶんがわ

からなくなったんです。あなたはあたしが好きなのかしら。それがわからないの。ほんとうはきらいなんでしょ。きらいならきらいとはっきりおっしゃってください。蛇のなまごろしのようにされているのはあたしたまらない」

め、めんどくせぇ〜っ。妻、めんどくさいわぁっ。これがどんどんヒートアップしていくんですよ。ああ、夫婦の深淵たるや。

たとえばふたりが病院に行って、精神を病んだ人たちを見たときも。妻は、夫の耳元で囁くのです。

《人生を狂わせるこの一言》

「あたしがキチガイになったら、あなたあんなふうに介抱してくれる?」

――「夫婦」の姿がどんどんサイコスリラーの体をなしてくる。文庫本にして約620ページ、夫はひたすら妻に罪を贖う。妻はひたすら夫を責める。そしてまた夫が贖《あがな》う……この繰り返しだけで小説は成り立っています。

ある意味ものすごい小説です。こんな話ほかにない。ぜひ一度は手に取ってみてほしい。

夫婦っていったい何なのでしょう……？

『死の棘』に描かれた、**日本文学史上最大級にねじれてもう戻らない夫婦愛は、もう、どこへも行かない。依存し合う執着心に変わるだけ。**だけど同時に、それが夫婦というものの隠された本物の姿なのかもしれない、とも思うのです。

ああ、夫婦というものの関係性の重さよ。

未婚の人はあんまり読まない方がいい、と思う小説です。

でもおもしろいから、覗くだけ覗いてみるといいかも。**ちょっと自分の結婚観にぐらっと亀裂が入りそうだけど。**

既婚の人は……これをどう読むんでしょう？　気になるところですね。

この本を読んだ方に おすすめする「次の本」

『錦繍』　宮本輝（新潮社）

『死の棘』を読んで夫婦に絶望した方はぜひとも『錦繍』を読んで！　大丈夫、世界に愛はあるから！　離婚した元夫婦が久しぶりに再会し、手紙を送るようになる。そのふたりの往復書簡だけで構成された一冊。泣ける。

『狂うひと ——「死の棘」の妻・島尾ミホ』　梯久美子（新潮社）

『死の棘』に描かれた妻ミホは、果たして本当に病んでいたのか？　その手紙や日記など、あらゆる資料に当たり、著者が11年かけて迫った、「現実の」島尾夫妻の姿を暴いた一冊。『死の棘』を読んだ方は絶対こちらも読んでほしい。文学という業に取り憑かれた、作者たちの裏の姿が見えてしまうから……。

『「甘え」の構造［増補普及版］』　土居健郎（弘文堂）

「甘え」に匹敵する外国語が見つからない。なぜだろう？「甘え」——それは「言葉なき相互理解・許容」。相手が自分を好きだ、理解してくれる、察してくれると思い込みたい心理。「病んで相手に依存する」、って究極の「甘え」だと思うけど、それはどのようなメカニズムになっているのか？　メンヘラを語るうえでも欠かせない良著。

title: 16

太宰治の言葉に殺されたい人へ

『ヴィヨンの妻』

太宰治（新潮社）初出1947

女はやさしい

VS

女はこわい

日本文学史上最高にキャッチーな「太宰の殺し文句」で、男のクズさと女の冷たさを楽しむ短編小説。

#短編小説　#太宰治晩年の作品　#「夫婦」を描く一冊　#放蕩夫を旦那に持つって大変　#青空文庫にもありますのでぜひ　#映画化（松たか子が美しい！）　#旦那さんを見放したくなったときに読みたい一冊　#奥さんに見放されそうなときに読みたい一冊

「人非人でもいいじゃないの。私たちは、生きていさえすればいいのよ」

「人非人」。人でありながら、人の道にはずれた行いをする人間。ひとでなし。

久しぶりにこの言葉の原典に出会って驚いた。そ、そうかこの言葉の元ネタって『ヴィヨンの妻』だったんかー、と。あやうく出典すら忘れて使うところだった。

この台詞が最後に出てくる、太宰治の短編『ヴィヨンの妻』――初めて読んだのはいつだったろう？　覚えていない。何せ太宰の短編というのは大量にあるので、基本的に読んでは忘れるし覚えていてもどのタイトルがどの内容だったかもはや一致しない、という記憶状態がザラだ。

太宰は長編よりも短編の方が好きなので読むたび新鮮な気持ちで読めるのは嬉しいことではあるけど、この記憶力の悪さはいかがなもんか、と我ながらため息をつく。

それにしても、強い台詞だ。

「私たちは、生きていさえすればいいのよ」。どこから出た言葉なのかすら忘れて、自分にこの台詞を何度か言い聞かせたことがある程度には、強い。

私たちは、生きていさえすればいいのよ。**太宰はこーいう「殺し文句」が異様に上手い。**モテただろうなぁ、と思う。女の記憶に残る殺し文句を言える、というのはモテの第一条件だ。

「恥の多い人生を送ってきました」「威張るな！」「メロスは激怒した」

殺し文句を挙げればきりがない。**「日本文学史上もっともキャッチーな言葉を生んだ大賞」**は太宰治にあげよう。

さっきも言ったけれど、小説の中でこういう「殺し文句」を生み出せるのは才能だ。その言葉だけでもう小説の80パーセントくらいを持ってける言葉。天賦の才でしかない。やっぱりさぁ、モテるんですよこういう人は……（まだ言う）。

太宰というとどうしても『人間失格』やら『斜陽』やら暗い作品が目立つし、その**4回の自殺未遂と5回目の入水自殺という華麗な経歴に目が行きがち**だけれども、**彼はどう考えても生粋のエンターテイナーであった**のだと思う。

じゃないと「メロス」なんていう愉快な名前つけんだろ。メロスですよメロス。もちろんギリシャ神話のMoerosから取った名前だろうけど、それにしてもキャッチーすぎる名前だよな。太宰のエンタメ精神よ。

そんな彼の短編の中で、私は『ヴィヨンの妻』がいちばん読んでいてきゅんとしてしまう。めっちゃ短い短編で、青空文庫もあるのでぜひ通勤電車の中で読んでほしい（通勤電車の中にふさわしい内容かどうかはちょっと微妙だけど！）。太宰の「女」に対する独特の視線がクセになる作品なのだ。

小説の語り手は、とある詩人の奥さん。この自称詩人の「大谷」という男、一切お金を稼いでこないうえに酒飲みだわ遊び人だわのどうしようもない旦那。ふたりの子どもは病身で発育の悪い4歳児。そんな日常を、奥さんはたんたんと語る。

大谷はなんだか妙に優しくなったかと思いきや、突如失踪してしまう。そのうえ料理屋からお金まで盗んだりする。困った奥さんは子どもをつれてひとまずその料理屋で働く。そんな折、奥さんのいる家にある男が泊まることになり……と、こっからは短編を読んでほしい。

まぁ、要は**クズな夫とそれでも家庭をなんとかする妻の話、**である。

しかしこの旦那に対して、奥さんは悲壮感や嫌悪感を出さない。語り口はどっちかっていうとかなりユーモラスな類である。天然かしらこの奥さん、と読者が思ってしまうほどに。

またもや、わけのわからぬ可笑しさがこみ上げて来まして、私は声を挙げて笑ってしまいました。おかみさんも、顔を赤くして少し笑いました。私は笑いがなかなかとまらず、ご亭主に悪いと思いましたが、なんだか奇妙に可笑しくて、いつまでも笑いつづけて涙が出て、夫の詩の中にある「文明の果の大笑い」というのは、こんな気持の事を言っているのかしらと、ふと考えました。

これが**「夫が犯した料理屋での泥棒騒動」を聞かされたときの反応**である。

なかなかユーモアを持った、だけど同時にどこか冷たい（感情が入っていない）反応だなと思う。ふつう、旦那が料理屋で騒動起こした、と聞いたらもっと青ざめたりするもんだろう。

でもこの人は「笑う」のである。

「なぜ、はじめからこうしなかったのでしょうね。とっても私は幸福よ」
「女には、幸福も不幸も無いものです」

「そうなの？　そう言われると、そんな気もして来るけど、それじゃ、男の人は、どうなの？」

「男には、不幸だけがあるんです。いつも恐怖と、戦ってばかりいるのです」

女には幸も不幸もない――この言葉のひんやりとした感触よ。そして「そんな気もして来る」と言う奥さんよ。

私はこの小説の、どこまでいっても冷たい、だけど表面上は明るくユーモアを持って生きているという、その狂気と常識の絶妙なバランスが好きだ。

翌朝旦那が殺されていました、なんて言われても妙に驚かないような冷たさと、同時に女の人特有の寛容なユーモアで覆うセンス。「人非人でもいいじゃないの。私たちは、生きていさえすればいいのよ」と言われたときの、旦那の顔（出てこないけど）。

けれども、こうして手短かに語ると、さして大きな難儀も無く、割に運がよく暮して来た人間のようにお思いになるかも知れませんが、人間の一生は地獄にございまして、寸善尺魔、とは、まったく本当の事でございますね。一寸の仕合せには一尺の魔物が必ずくっついてまいります。人間三百六十五日、何の心配も無い日が、一日、いや半日あったら、それは仕合せな人間です。


幸せなんかなくたって、とびっきりの不幸に酔わなくったって、女は生きていける。

太宰から見たら、そんな女の人の姿が怖かったのかもしれない。だけど怖かったからこそ——この短編は絶妙なバランスをもって成り立っている。

こういう、**背筋がひやっと冷たくなるユーモアは、女に特有で、女だけが共有できる秘密の気配なのかもしれない。**

ふはは、見たか、男たち。存分に女に恐怖してくれたまえ。

この本を読んだ方に
おすすめする「次の本」

『人間失格』
太宰治（新潮社）

人間失格をですね、ヴィヨンの妻を読み終わったあとにもう一度読むとですね、「女性恐怖」を綴った本に思えてくるんですよ !!!　名前ばかり有名で、実は読んだことのない人も多い『人間失格』。大人になってから読み返すとまた違った味わいがある。

『門』　夏目漱石（新潮社）

『ヴィヨンの妻』以外に「夫婦」を描いた傑作と言われれば、私は黙ってこの本を差し出す！「日本の夫婦像」って結局こういうことだよな、という妙な説得力のある小説。夏目夫妻もこんな感じだったのかしらん、と妄想が膨らむ。（ちなみに漱石は嫁と初めて会ったとき「歯並びの悪さを隠さないのがいい」と結婚したらしい。なのに娘は「嫁の悪筆に似ないように」筆子という名前にしたらしい）。

『ナラタージュ』　島本理生（角川書店）

現代小説でも変わらず女はダメ男に恋をするのであった……。高校時代の先生に「一生に一度」の恋をした主人公。しかしこの先生、頼れそうに見えて、案外ふらふらふわふわしたダメ男……。それでも年下女子からするとカッコよく見えちゃうんだから罪なものである。

title: 17

残酷でタフな世界を生きる小さいあなたへ

『悪童日記』

アゴタ・クリストフ（早川書房）初出1986

子どもは
弱くて純粋
VS
子どもは
したたかで残酷

子どもは純粋無垢なんて思うと痛い目見ます。たったふたりで世界を生きた、この世でいちばん残酷でクールな双子の物語。

#外国文学　#双子が主役　#日記体文学　#映画化（主人公の双子くんたちが良い）　#戦争中の街が舞台　#処女作　#ゲーム「Mother」に影響を与えた小説としても有名　#続編『証拠』『第三の嘘』もあるよ　#読んでいくうちにその残酷さで背中が凍ってくるのが快感になるからすごい

子どもが弱くてかわいくて純粋だ、なんて誰が決めたんだろう?

そんなことを言うのは、彼らを庇護したい支配したい大人になった証拠だ。

『悪童日記』を読むと、子どものまなざし、というものを思い出す。

弱いからこそ、子どもたちは誰よりも残酷に世界を見る。誰にも負けないように、強くなるために。そして何より、生き残るために。


『悪童日記』は、**少年たちの秘密の記録**だ。

少年というのは、戦時下、ある国で連れられてきた双子のこと。双子の母親が、「大きな町」から「小さな町」のはずれにある自分の母の家へ、彼ら双子を預けにきた。自分たちの家には、もう、子どもたちに食べさせるものがなかったから。

「魔女」と呼ばれる双子の祖母はなかなか強烈な人で、小さい子どもに対しても、人並みに働かないかぎり食事を与えない。双子は戦争中の「魔女」の家で、たくましく生きていかなくてはならなかった。

双子はやがて農作業を覚え、独学で読み書きを覚え、互いに協力して様々な鍛錬に励む。時には盗みやゆすりも行う。他国の性倒錯者の将校に助けられたり、隣人の兎口の少女を助けたりしながら、双子はタフに生き延びていく。
やがてこの国は他国の占領下に入る。終戦の間際、双子の母親は子どもたちを連れ亡命しようとするが、双子は拒否する。すると空から落ちてきた爆撃によって——。

この小説は、**双子が書いた「日記」として綴られている。**文体もすべて、子どもが書いたようなものになっている。さらにこの小説には**「固有名詞」が一切出てこない。街の名も、戦争の名も、少年の名も。**それがまたこの作品の不思議な浮遊感を演出する。

なんというか、「むかしむかしあるところに……」で始まる童話を読んでいるような気分にもなるし、その童話の中で思いっきりリアルで残酷な現実が少年たちのまなざしによって切り取られるわけだから、読んでいてすごく不思議な気分になるのだ。

しかし双子の語り口も、たんたんとしていて、冷静で、残酷だ。子どもというのは神様のものなのだ、と思い知らされる。

彼らはクールでタフで、そんじょそこらのハートボイルド小説が太刀打ちできないような容赦のなさに満ちている。

たとえば「乞食の練習」という章で、彼らはこう綴る。

ぼくらは破れた汚い衣類を身に纏う。裸足になり、顔と手をわざと汚す。街中へ出かける。立ち止まり、待つ。

（中略）

また別の婦人が通りがかる。ぼくらは手を差し出す。彼女は立ち止まり、言う。

「乞食なんかして、恥ずかしくないの？　私の家にいらっしゃい。あなたたち向きの、ちょっとした仕事があるから。たとえば薪を割るとか、テラスを磨くとかね。あなたたちくらい大きくて強ければ充分できるわよ。ちゃんと働いてくれたらば、お仕事が終わってから、私がスープとパンをあげます」

ぼくらは答える。

「ぼくら、奥さんのご用を足すために働く気はありません。あなたのスープも、パンも、食べたくないです。腹は減っていませんから」

彼女が訊ねる。

「だったらどうして、乞食なんかしているの」

「乞食をするとどんな気がするかを知るためと、人びとの反応を観察するためなんです」

婦人はカンカンに怒って、行ってしまう。

「ろくでもない不良の子たちだわ！　おまけに、生意気なこと！」

帰路、ぼくらは道端に生い茂る草むらの中に、林檎とビスケットとチョコレートと硬貨を投げ捨てる。

《人生を狂わせるこの一言》

髪に受けた愛撫だけは、捨てることができない。

「ぼくら」の周りでは、死はあまりに身近で、軽い。

というのも、物語の最後、紆余曲折あったあとに双子のひとりは国境を越えて亡命すると決め、ひとりは祖母の家に留まると決める。

しかし国境を越えるには、鉄条網や地雷が邪魔をする。ならば、彼らが安全に行くために選んだ手段は……さらりと書いてあるが、息を呑むラストシーン。これこそ『悪童日記』の真髄だ。

この作品には、どこかうっすらとした虚しさが横たわる。悲劇を悲劇として扱わないことの、タフさと虚しさ。そこには**「結局人間って愚かなんだよな」**という双子の冷めた目線が見える。

彼らだけの秘密を、「日記」という形で覗き見る。子どもという残酷でタフな生き物のまなざしを通しながら。

どんな物語にも負けない、『悪童日記』だけにある残酷さ、というものが存在する。

この小説を読まずに死んだらもったいないよ。

読まないわけにはいかないでしょ。——読者にそんなふうに思わせるのが、「傑作」というものの条件だと思う。

この本を読んだ方におすすめする「次の本」

『ゴールデンボーイ—恐怖の四季 春夏編』　スティーブンキング（新潮社）

映画『ショーシャンクの空に』の原作小説が収録された本書だが、『悪童日記』ファンには表題作『ゴールデンボーイ』がおすすめ。子どもが主人公で、こんなに救われなくてあと味悪いスリラー小説なんて、世界中どこを探してもこれ以外見当たらないのだ……。

『わたしたちが孤児だったころ』　カズオ・イシグロ（早川書房）

「抑制のきいた文章」「特別な子ども時代」「信頼できない語り手」「見えない恐怖」とかいろんな点において、アゴタ・クリストフとカズオ・イシグロはちょっとかぶる。まぁカズオ・イシグロの方が圧倒的にロマンチストなので、読む順番は『悪童日記』でひえっひえに冷えた心を『わたしたちが孤児だったころ』であっためるくらいがちょうどいいかもしれない。

『少女地獄』　夢野久作（KADOKAWA）

虚言癖や身体的コンプレックスを持った、すこし「歪んだ」少女たち。彼女たちの人生を書簡体で綴った短編集。少女は少女でタフに生きなきゃいけないから大変だ。「日記」文体が好きだった人は、今度は『少女地獄』で「書簡」文体を味わってみては？

title: 18

「本」のおもしろさをまだ知らない子どもたちへ

『そして五人がいなくなる』

はやみねかおる（講談社）初出1994

本を読まない人生
VS
本を読む人生

子どもたちを「本好き」という夢の世界へ狂わせ続ける、名探偵夢水清志郎事件シリーズ。

#児童文学 #名探偵 #ミステリー（でもミステリーに興味のない子にもおすすめ！） #シリーズもの #講談社青い鳥文庫 #小学生高学年から #大人が読んでもおもしろすぎる #本嫌いのお子さんにもおすすめしたい一冊

「子どもを本好きにしたい」。

そうおっしゃる親御さんがたまにいらっしゃって、私はそのたびに「はやみねかおる作品」を薦めます。絶対おもしろいですよ！　って。

『名探偵夢水清志郎事件シリーズ』『都会のトム＆ソーヤシリーズ』『怪盗クイーンシリーズ』……こうしてはやみねかおる先生の著作を挙げてみると、胸の奥がきゅーんとしてしまうのは私だけじゃないはず。

本が好きな友達で集まったとき、みんなが「むかし、はやみねかおるにハマった」と言っていて笑ったことがあります。はやみねかおる作品があったから本を好きになった、本を読むっておもしろいと思った……そんな子どもたちって、ものすごぉく多いんですよ。

私は子どもたちに、はやみね作品を自信を持っておすすめする。だってはやみね作品を読める子ども時代は幸せだもの!!

主に講談社の「青い鳥文庫」「YA!ENTERTAINMENT」などから発刊されたはやみね先生の著作は、本屋さんにおける「児童文学」や「ジュブナイル」の棚に並んでいます。

たとえば今回紹介する『名探偵夢水清志郎事件ノート　そして五人はいなくなる』。

物語の語り手は、中学生の亜衣ちゃん。4月1日という変な習慣のある日に引っ越してきたお隣さんは、「職業・名探偵」と名乗ります。その変な隣人は、いきなりとある謎をあっさり解いてしまう！　彼の名は「夢水清志郎」。そこから亜衣ちゃんたちと夢水清志郎の赤い夢にまみれた日常が始まる、というお話です。

シリーズ第一作目の『そして五人がいなくなる』の舞台は、夏休み。ある天才少年少女たちが遊園地でひとりずつ消えてしまう……というところから、物語が始まります。「ぼくは名探偵だから、みんなが幸せになれるような謎解きをしてみせるよ」そんなふうに不敵に笑う、自称「名探偵」夢水清志郎はこの謎に取り掛かるように言われるのですが、相手は「伯爵」という謎の怪人。厳戒態勢の中で、次々に少年少女は伯爵に消されていってしまう。さて、夢水清志郎はいなくなる子どもたちの謎を解いて、伯爵に勝つことができるのでしょうか……？

――いやぁ、もう、この話、オチがねっ！　最高なんですよね！　謎解きだけじゃなくて、はやみね先生の用意したオチが、「そ、そう来たかぁ」って読者としても泣けてしまうほど素晴らしいし、意外なんです。

はやみね先生の、子どもたちと推理小説への愛に乾杯っ、って全力で言いたくなる。ぜひこのオチを読むためだけにでも、本を手に取ってみてください（大人が読んでもおもしろいですからおすすめです！）。

さて、すこ～しだけ個人的な話をすると（興味のない方は読み飛ばしてくださいね）、ちょうどはやみね作品に出会う前って、私にとって人生でいちばん「読みたい本がない」と思った時期だったんですね。

世の中の本好き10歳前後の女の子といえば、『ハリー・ポッター』『赤毛のアン』『シャーロック・ホームズ』あたりのどれかを好きになるっていうルートがあったわけですが、どれもいまいち好きじゃなかったんですよ。

いやおもしろかったんだけど、私の求めるものはコレジャナイ感が幼いながらに強かった（むしろ漫画の方にどっぷり）。

でもそんなとき、夢水清志郎シリーズに出会って。

なにこの本、おもしろい！　って感動したんです。私の求めていたおもしろさはこれなんだ！　って。そして私は順当に本好きルートに戻っていったわけですね。

はやみねかおるがいなかったら、きっと私は本好きのまま大人にならなかった。

しかし……なぜふつうのミステリがおもしろくなかったのに、この夢水清志郎シリーズはおもしろかったのでしょう？　あるいはなぜこんなに、はやみね作品は子どもを惹きつけるのでしょう？

考えてみるに、たとえば『そして五人がいなくなる』は、**ミステリですが謎解きに興味がなくてもよくて**（私も、今もむかしも密室の謎を解くことに1ミリの興味もありません……）。この作品は、掛け合いとかキャラクターとか、何より「どうしてそんなことをしたのか？」っていう動機の部分がすごく丁寧なんです。

大人の犯罪をミステリにするなら、不倫でも政争でも遺産相続でも、わりと動機のところってシンプルにわかりやすくできるんですよ。大人は憎むことが多いですからね！

でも夢水清志郎シリーズのように、語り手を中学生にしてしまうと、動機の部分って丁寧に描かないと不自然になってしまう。主人公の中学生たち、そして読者の子どもたちが受け止められるような謎、そしてその謎を引き起こしてしまう人間たちの暗くてやりきれない部分を、丁寧に誠実に書いていかないと、受け入れてもらえないんです。

だからこそ、**本をあまり読まない子でも、**推理小説が苦手な子でも、**この本なら楽しんで読める。**

だって、**小学校の先生でもあって彼らに「どうしたら本をおもしろいと思ってもらえるだろう？」と考え続けてきたはやみね先生が、**そういう仕掛けをしてある本なんだから。

本を好きになるべき、なんて言いたくありません。本を読まなくて済む人生ならそれはそれで幸せそうだな、と心から思う。だけど、それでも、心から「あ〜この本、むかし好きだったな〜」と胸がきゅんとするくらい思い出深い本を持つことは、けっこう幸せなことだと思うんです。「そうそう、あの本読んでた！」と大人になって盛り上がることも。

子どものときに好きだった本は、大人になってからも宝物。だからこそ、私はいつもこの本を子どもたちに薦めたくなってしまうんですよ。

この本を読んだ方に おすすめする「次の本」

『パスワードは、ひ・み・つ new（改訂版）―風浜電子探偵団事件ノート1』
松原秀行（講談社）

同じく「講談社青い鳥文庫」から刊行された児童文学ミステリ。お子さんに「『そして五人がいなくなる』がおもしろかった〜」と言われたら「次はこれを読め！」と言っといてください。キャラがみんなかわいくて最高。そして出てくる謎やパズルも本格派。最近電子書籍も出たので、大人の方もぜひ！

『大統領の晩餐』小林信彦（KADOKAWA）

「だって、きみは、怪人二十面相が好きだからさ。奴が死ねば、きみは、別な二十面相を創り上げるにちがいない。それで、夜も昼も、赤い夢を見て暮すんじゃないかな」――『夢水清志郎』シリーズを読んだ子なら、絶対に「にやり」とさせられるこの台詞。実はこの本が元ネタなのだ。

『風にのってきたメアリー・ポピンズ』
P.L. トラヴァース（岩波書店）

夢水清志郎って要はメアリー・ポピンズなんだよな、と私が気づいたのは最近のことである。東風の吹く日に、こうもり傘につかまって、空からやってきたメアリー・ポピンズ。ディズニーの映画も有名だが、原作もすごーくいい。素敵な夢と物語。大人になってからも、春風が吹くとついメアリー・ポピンズが飛んでくる気がしてしまう。

title: 19

冒険じゃない冒険を求めている、自称子どもたちへ

『クローディアの秘密』

E・L・カニグズバーグ（岩波書店）初出1967

「危険」は嫌
VS
だけど「知りたい」

家出先が「メトロポリタン美術館」。大人が読んでもおもしろい、素敵で都会的な秘密の家出物語。

＃アメリカの児童文学　＃家出する女の子のお話　＃何か変わったことがしてみたい　＃ダサいのはいや　＃大人が読んでもわくわくするお話　＃でもやっぱり小学生の女の子に読んでほしい！　＃美術館が好きな人はぜひ　＃毎日に不満を持つあなたに読んでほしい「家出物語」

寄り添ってくれる本は、危険だ。

マイ・持論である。

世の中なんとなく「あなたに寄り添ってくれる本！」と好意的に本を指す風潮があるけれども、そんなことあるかーい、といつもツッコミを入れたくなる。

寄り添ってくれる本が安全だなんて、誰が言いはじめたのだろう？　そんな本、本当はこの世でいちばん危険な罠なのに。


私の人生で初めて「この本の言うことがわかりすぎてびびる」と思った本――つまり人生で初めて「私に寄り添ってくれた本」は、この『クローディアの秘密』だった。

衝撃だった。まさかこの世に「自分のことを書いている本」というものがあるなんて、思いもしなかった（ちなみにたくさんの人に「私のことが書いてある」と思わせる作品が「名作」の条件なのだと知るのは、もうすこしあとのことである）。

『クローディアの秘密』の書き出しは、こう始まる。

「むかし式の家出なんか、あたしにはぜったいにできっこないわ」……この一文でノックアウトされる女の子は多いと思う。例に漏れずむかしの私もそのひとりだった。

むかし式の家出なんか、あたしにはぜったいにできっこないわ、とクローディアは思っていました。かっとなったあまりに、リュック一つしょってとびだすことです。クローディアは不愉快なことがすきでありません。遠足さえも、虫がいっぱいいたり、カップケーキのお砂糖が太陽でとけたりして、だらしない、不便な感じです。そこでクローディアは、あたしの家出は、ただあるところから逃げだすのでなく、あるところへ逃げこむのにするわ、ときめました。どこか大きな場所、気もちのよい場所、屋内、その上できれば美しい場所。クローディアがニューヨーク市のメトロポリタン美術館にきめたのは、こういうわけでした。

クローディアは、アメリカに住むふつうの12歳の女の子。下に弟がいて、長女だからといってこまごまと不公平な目に遭うことが不満だった。彼女は「不公平な待遇にも、まいにち同じことのくりかえしにも、すべてあきあきした」ことから、家出を計画する。**が、クローディアは決して「リュック一つしょってとびだす」ような発作的な家出はしない。**きちんとお小遣いを貯めて、同伴者としていちばんお金を貯めている弟を選び（ちゃんと弟をおだててその気にさせることも忘れない）、さらに「いろいろなものをなしですませる練習」までして家出の訓練をする。そんな計画性を持つくらいにクローディアは賢い。

そしてここがこの物語の素敵なところ。なんと彼女たちの家出の行き先は、「メトロポリタン美術館」なのだ！

ニューヨークは、子どもが秘密で隠れるのにうってつけの場所。だって美術館で絵の勉強もできるし、大人は忙しそうだし、何より美しい街だから……。

児童文学といえば冒険、と決めつけたのは誰だっただろう？

むかしの私がそうであったように、「冒険」に特に興味のない子どもだっている。だって勇者になるには野宿や貧乏をしなくちゃならなさそうだし、そもそも誰かと剣で戦うなんて怖い。痛いことや汚いことはまっぴらごめんだ。そんなの現実の中だけで十分。

さらにふつうの「家出」話といえば、最終的に子どもが「家に帰りたい」なんて泣き出し、親が迎えに来ると相場が決まっている。だけど、そんなの嘘だ、と小さい頃の私は知っていた。その証拠に、クローディアたちは、ホームシックになんてかからない。

「ホームシックってのは指をしゃぶるようなもんなんだね。じぶんに自信がもてないと出てくるんだ。」

「それともきたえられてない時かどっちかよ。」

クローディアは美術館で熱心に「勉強」する。子どもは勉強嫌い、と決めつけるのは、勉強が嫌いだった大人だけだ。クローディアは「今日は、エジプト室の勉強よ」と、授業を自分たちに課す。もちろん美術館にやって来る子どもたちにまぎれることを忘れない。

そんな家出物語は、クローディアたちが、とあるミケランジェロ作とされる天使の像の謎に出会ったところで曲がり角を迎える。クローディアはこう言う。

「ミケランジェロがしたかどうか、知りたいのよ。なぜだか、じぶんでもわからないの。ただ、どうしても知らなくちゃって感じなの。たしかなことを。どんな方法でもいいのよ。ほんとのことを発見すれば、あたしは救われるの。」

ミケランジェロの専門家にもわかっていない天使の像の謎を、自分たちに解けるとは思えない。だけど、知りたい。その謎の秘密を発見したい。謎を放っておいたまま、このまま帰るわけにはいかない。だってクローディアは思う。

「ちがったあたしになって帰りたい」。

謎を解くことは、その秘密を知ることは、クローディアにとって「ちがったあたしになる」方法なのだ。それを達成せずして、この家出を終わらせるわけにはいかないのだ。

さて、クローディアたちは、はたして謎を解くことができるのだろうか？　美術館での快適な家出は、どのような終結を迎えるのだろう？　読んでみてのお楽しみだ（ちなみにこの話、最初から最後まで父母が出てこないという稀有な家出小説である）。

さて、もう一度言うけれど……寄り添ってくれる本は、危険だ。

おもしろくておもしろくて、そのうえ自分のことを書いているとなれば、人はその物語を吸収してしまう。物語が体に染み入ってしまう。ぐんぐんぐんぐん、それはもう、根っこのところまで入り込んでゆく。

とくに小さいうちの影響は怖ろしい。**大人になってたとえその本を忘れたとしても、その本の「成分」みたいなものが自分の核の部分にすっかり入ってしまっている。**

「秘密を胸にもって帰るっていうのが、クローディアの望みなのよ。天使には秘密があったので、それがクローディアを夢中にもさせたし、重要にもさせたのですよ。クローディアは冒険がほしいのではないわね。お風呂や快適なことがすきでは、冒険むきではありませんよ。

クローディアに必要な冒険は、秘密よ。秘密は安全だし、人をちがったものにするには大いに役だつのですよ。人の内側で力をもつわけね。」

正直、『クローディアの秘密』のあらすじをほとんど忘れてしまっていた頃も、この台詞だけはずっと記憶に残っていた。

私は秘密を知ることやそれを持っている人のことが、たまらなく好きだ。誰かの秘密を知りたくて本を読んでいるのかもしれない、と時々本気で思う。

けれどその秘密を知りたい欲求は、時々、自分の中で暴走を始める。

「知りたがり」はある種の病みたいなもので、自分の中の**「危険を嫌う性質」**と**「知りたいと思う欲求」はたいてい真っ向から喧嘩して、**私を疲弊させる。なんらかの秘密を本当に得るには大概リスクが伴うわけだ。臆病なのに知りたがりとか、ちくしょーどっちかだけだったら楽なのに、とよく思う。

しかし大人になって『クローディアの秘密』を読み返し、私の「秘密を知りたがる」病はこの本から来ているのかもしれない、と、くらくら驚いてしまった。**寄り添ってくれる本の呪い**。

……忘れた頃に気づくんだから怖ろしいものである。

こういう、ちょっとした魔力みたいなものを持った本はこの世に少なからず存在しているわけで、『クローディアの秘密』は確実にそんな本のうちの一冊だと思うのだ。

むかしの私のような女の子に「はい、この本おもしろいよ」って言ってこの本を手渡したい。ものすごく。

もしかすると、家出と同じくらい危険かもしれないけれど。

この本を読んだ方に おすすめする「次の本」

『あしながおじさん』
ジーン・ウェブスター（岩波書店）

断言しよう。『クローディアの秘密』が好きな子は『あしながおじさん』も好きである。どちらも、主人公が（1）勉強が好きで（2）素直だけど若干ひねくれていて（3）孤独を感じている女の子だからだ。例に漏れず私も好きだった。

『ふたりのロッテ』
エーリヒ・ケストナー（岩波書店）

別々の町で育った双子の姉妹が偶然出会い、別れてしまった両親を仲直りさせようと計画するお話。『クローディアの秘密』にしてもこの物語にしても、「子どもだけの計画」ってどうしてこうもわくわくするんだろうか。大人になってから読むと、今度は両親の方に感情移入してしまって、また違う感慨が迫ってくるのも良い。

『トーク・トーク カニグズバーグ講演集（カニグズバーグ作品集 別巻）』
E.L. カニグズバーグ（岩波書店）

『クローディアの秘密』の作者であるカニグズバーグの講演集。二児の母親でもある作者がどんな想いで児童文学を綴り、何を大切だと思ってきたか。『ベーグル・チームの作戦』『クローディアの秘密』『ジョコンダ夫人の肖像』など彼女の作品を読んできた人にはぜひ手に取ってほしい一冊。

title: 20

カッコわるい大人にはなりたくないあなたへ

『ぼくは勉強ができない』

山田詠美（新潮社）初出1993

学校の勉強
VS
人生の勉強

不良じゃなくても、優等生じゃなくても、そのどちらでもない自分でも、社会で「自由」でいられる方法を教えてくれる青春小説！

#不朽の青春小説　#高校が舞台　#中高生にもむかし中高生だった人にも読んでほしい！　#学校で教えてもらえない勉強ってたくさんあるのだ　#魅力的な女性もたくさん出てくる　#よく読書感想文の題材にもなる本　#10代のうちに読みたい一冊

「あんたは、すごく自由に見えるわ。そこが、私は好きだったの。他の子たちみたいに、あれこれと枠を作ったりしないから。でもね、自由をよしとしてるのなんて、本当に自由ではないからよ。」

高校生だった頃をだいぶ過ぎた私も、いまだにこの台詞を読むとざくっと体が固まる。高校生のときにこんなことを言ってくる同級生がいたら、私はどんなふうに思っただろう？**自由であることがいいこと、とか、自由じゃない人を見ると嫌な気分になる、なんて言うのは、**たしかに**自分自身が本当は自由じゃないからだ。**

何かの枠に自分を押し込め、自分の目を偏見で曇らせる。その枠にとらわれている人を見ると、自分を見ているような気がして、嫌な気分になる。

『ぼくは勉強ができない』の主人公である秀美くんは、彼女の言葉を受け止め、こう考える。

もしかしたら、ぼくこそ、自然でいるという演技をしていたのではなかったか。変形の媚を身にまとっていたのは、まさに、ぼくではなかったか。ぼくは、媚や作為が嫌いだ。そのことは事実だ。しかし、それを遠ざけようとするあまりに、それをおびき寄せていたのではないだろうか。人に対する媚ではなく、自分自身に対する媚を。

人には、視線を受け止めるアンテナが付いている。他人からの視線、そして、自分自身からの視線。それを受けると、人は必ず媚という毒を結晶させる。毒をいかにして抜いて行くか。ぼくは、そのことを考えて行かなくてはならない。

こんなふうに、高校生の私はまっすぐに人の言葉から何かを学ぶことができただろうか？あるいは今の私は、素直に**自分の「媚び」という毒を知り、抜こうとすることができているだろうか？**

そんなことを考えたとき、ああそうか、これが学校の勉強とはまた違った「勉強」なんだな、と思ったりする。

『ぼくは勉強ができない』はイケメンでモテる高校生・秀美くんを主人公とし、彼の周りの人たちの関わりを描く物語だ。

カッコいい秀美くんの周りには、秀美くん以上にカッコいい女の人がたくさん出てくる。彼のお母さんもすっごく素敵な女性だし、もちろん恋人である桃子さんもいい女。同級生である高校の女の子たちも、どの子も本当に魅力的なのだ。

けれど、決してこの本は美人さんたちの品評会ではない。秀美くんはおちゃらけているように見えて、実はいろんなことを感じ、まっすぐ考えている。
たとえば、学校の廊下にコンドームをうっかり落としてしまい、生徒指導の先生に激怒されてしまった場面。

生活指導のために落ち込んでいる訳には行かないのだ。ぼくは、ぼくなりの価値判断の基準を作って行かなくてはならない。忙しいのだ。何と言っても、その基準に、世間一般の定義を持ち込むようなちゃちゃなことを、ぼくは、決してしたくはないのだから。

《人生を狂わせるこの一言》

ぼくは、自分の心にこう言う。すべてに、丸をつけよ。とりあえずは、そこから始めるのだ。そこからやがて生まれて行く沢山のばつを、ぼくは、ゆっくりと選び取って行くのだ。

大人になると、誰かや何かに「決められたあと」の価値を知ることが多い。結局、世の中の価値基準に合わせるからこそ守れるものが山ほどあることに大人は気づいているからだ。大人だって、バカではない。

ふつうの人はバツをつけたがる。あれはだめだ、これはよくないと思うことで、自分を守ることができるから。バツをつけた何かの上こそ、安心して立っていられるように感じられるから。

だけど秀美くんはそのうえで、さらに自分は「丸をつける」のだ、と決めてゆく。もう大人になってしまった私はこの鮮やかさに唸ってしまう。

男と女のことにも、どうやら無駄が必要らしいと、ぼくは気が付いた。愛し合っているからセックスをする。この事実には、少しも無駄がない。そして、子供まで出来てしまったら、無駄がないどころか、効率が良いと言うべきだろう。でも、そこには、恋愛の創り出す芸術の要素が、まったくないのである（なんて大袈裟な）。恋愛においての芸術的要素とは一体何か。そこに、どうも秘密が隠されているようである。

大人になると取りこぼしてしまいそうになるたくさんの素敵さを、この小説は思い出させ

ことを。

てくれる。思いやりとか自然体とか、**世間で適当に使われる言葉に隠された、**本当に大切な

自意識や自分を守る媚びがぐるぐる凝るたびに毒が溜まって、時々どうしようもなく、うっ自分の毒を抜きたい、と思う。そんなときに、**この小説を読めば、私は秀美くんと一緒に「勉強」をすることができる。**

秀美くんは、この小説の最後に言う。「ぼくは勉強ができる」と。

——他愛のない喜び、それが日々のひずみを埋めて行く場合もあると、ぼくは思うのだ。——

この本を読んだ方に おすすめする「次の本」

『放課後の音符（キイノート）』
山田詠美（新潮社）

『ぼくは勉強ができない』が「男の子」の小説だとしたら、それと対をなして「女の子」の小説となっている一冊。イイ女の定義がひっくり返る短編集。女の子はみんな一度はこれを読んで大人になってっ！

『いまを生きる』
N.H. クラインバウム（新潮社）

映画が有名な、アメリカの男子校を舞台にした青春小説。やっぱり『ぼくは勉強ができない』と『いまを生きる』と『キャッチャー・イン・ザ・ライ』は10代のうちに読んでほしい物語ベスト3。衝撃の結末に驚きつつ、自由は痛いんだよってことをはやいうちにわかっておいて損はないよ！ 読書感想文にもおすすめ。映画も本当にいい、泣いてしまう。

『私を知らないで』 白河三兎（集英社）

とはいえ、みんながみんな「ぼくは勉強ができない」なんて大声で言える秀美くんのようになる必要はなくて。転校生活のせいですっかりクラスのヒエラルキーに溶け込む術を身につけた主人公の男子中学生がある日出会ったのは、クラスで孤立した美少女。題名の意味がわかると泣けてくる、今時の中学生なりの覚悟と切実さを綴った傑作青春小説。

title: 21

大人になっても、「これから」に迷っているあなたへ

『おとなの進路教室。』

山田ズーニー（河出書房新社）初出2007

「誰かの想い」
に沿った選択
vs
「自分の想い」
に沿った選択

ビジネス書でも自己啓発でもない。だけど、選択、就職、進学……悩んだとき「自分の意志に逆らわない勇気」をくれる一冊。

#ほぼ日で連載　#自分の将来を見つめ直したい人へ　#仕事にすこし悩む人へ　#「選択」が苦手な人へ　#後悔のない人生を送りたい人へ　#悩みを打開する一手を知りたい人へ　#「コミュ力」という言葉にドキリとする人へ

選択が苦手だ。

優柔不断。何かを選ぶとき、最後に半泣きで「やっぱこっちにする……」って言うタイプ。

この性分で様々な人に迷惑をかけてきたし、ほんっとに直したいと思うのだけど、なかなか直らない。

だけど、この本を初めて読んだとき、そうか、と思った。


「世界はいつもそこにあり……」

受験も、就職も、人生の選択も、ある日突然、ふってわいてくるのではない。すでにそこにあった。自分が気づいていないだけで。

自分が、日々、一瞬一瞬、してきた、意志とはいえないほどのささやかな選択の積み重ね、それこそ「ピントのあわせかたひとつの違い」の集積は、自分を導いていって、そして、自分の道ができ、尊厳ができ、私たちは、自分で「選択」せざるをえないところまで来るのだ。

だから、何かを「選ばなきゃならなくなっている」こと自体、すでに、その人の「意志」と言えないだろうか。

何かを選ばなきゃいけない、というのは、表面上わかりやすい「選択のタイミング」だっただけ、ということ。

私たちは外から与えられたタイミングで選ぶわけではない。**日々いろんなことを選択してきた自分がいて、その自分が何かを選びます、と外の世界に宣言するのが、そのタイミングだっただけ**で。

著者はこう続ける。

自分を「選択」まで導いてきた意志の集積に比べれば、「結果」は小さいことだと私は思う。だから、いざ「選択する」という段になって、あっちが有利だから、こっちは恐いからと、それまで自分を導いてきた意志をすりかえるというのは、おかしな話だし。「結果」に負けて、「意志」がつぶされるというのは、順番が逆のように思う。

たしかになぁ。

意志が結果に負けるという考え方をしたことがなかったけれど、言われてみれば思い当たる。結果の有利不利、というか成功確率に負けて意志を曲げたとき、いつもあとで「やっぱりこっちの道じゃない」と思ってしまう。

人は案外「成功」それ自体よりも、「納得」を求めていたりするものだから。

この『おとなの進路教室。』は、**文章表現教育を生業にしている**山田ズーニー先生が、**自分や他人とつながった末に「どうやって選択するか？」**ということについて書いてくれている。不思議な本だ。

この本を「何のジャンル？」と聞かれるとすこし困る。ビジネス本とも自己啓発本ともエッセイとも違う。だけどフィクションの類じゃない。何のジャンルなんだろう。だからこそ、たくさんの人に読んでほしいと思う。

人とのコミュニケーションとか、内省とか、進路選択とか、そういうことについて教える人はたくさんいる。

けれど、ズーニー先生の言葉ほど**「弾力」**を持った言葉は、少ない。

先生の問いは、読者である私たちにいつもはね返って「自分の場合はどうだろう？」と考えさせる。その「はね返り具合」が、ちょっと驚くほど、強い。

ふつうの言い方だったらスルーしてしまう問いも、ズーニー先生に問いかけられると、「私はどうなんだろう？」と考え込んでしまう。

――どうしたら、好き嫌いを超え、他者と通じ合うことができるのだろう？

「いつか強くなってこれをやろう」と思うとき、その課題に「今」向き合うことに億劫がっていないか？

自分の「好き」を仕事にするかどうか悩む前に、その「好き」の中身をもうすこし掘り下げられないか？

やりたいことがないならば、どうやって社会に出て、そこで信頼されて生きていけるかを考えられないか？

様々な問いの中で、ズーニー先生は、**自分とも他人ともきちんと「つながる」ことを大事にしよう、**と言う。


たとえば先ほど述べた選択の話。

自分の意志つまり本当に求めているものを大事にした方がいい、そうすれば納得して進むことができるから。山田ズーニー先生は言う。

だけど――ここが難しいところなのだが――「意志」というのは、案外自分では見えていない。自分が求めているもの、引っ掛かっているところ、そういうものに意外と人は気づけない。

自分はいちばん近い他人だ、と言った人がいたけれど、自分は自分とコミュニケーションしようとしてみないと、案外通じ合えないものだったりする。

そして同時に、自分だけじゃなくて、他人とつながってみないとわからない自分もいる。

だからこそ、言葉で表現したり、自分の意志を相手に伝えたり、他者に挑んだり、そういうことが人生には必要だ。

コミュ力、なんて日々言われる言葉ではあるけれども、「コミュ力」の本当の意味はこういうところにあるんじゃないかと思う。

進路や仕事、結婚や家族……人生には様々な選択が訪れる。一度自分で「考えて」選んだ人は、きっとどの選択を前にしても、またきちんと自分で選んでいける。

何かの選択に迷ったり、自分の意志がぐらぐらしてきたときに、ぜひ読んでみてほしい一冊だ。

《人生を狂わせるこの一言》

有利でもなく、不利でもなく、意志に忠実な選択こそが、自分の人生を創っていくんだと私は思う。

この本を読んだ方に
おすすめする「次の本」

『私とは何か――「個人」から「分人」へ』
平野啓一郎（講談社）

「分人主義」というおもしろい観点から、人間関係やコミュニケーションについて悩むときの考え方をくるりと回転させてくれる本。キャラとかKYとかありのままの自分とかなんとか言われる昨今だけども、「人と対面したときに現れる自分」という考え方をすると、いろいろとわかりやすくなる、という考え方には納得。

『物語ること、生きること』
上橋菜穂子、瀧晴巳（講談社）

進路に悩んだときにおすすめ。『精霊の守り人』シリーズで有名な著者が、自身の選択や半生を振り返った一冊。大切なのは、自分の本当の願望から目を逸らさないこと、そして勇気をもって踏み出すこと。読むと、私も前向きになることができる。

『「自由」はいかに可能か 社会構想のための哲学』
苫野一徳（NHK出版）

著者は哲学者でありながら、平易な文章で「自由」について説いていく。『おとなの進路教室。』と同じく、読むと思考せざるをえなくなる、まっすぐな本。自分も他人も尊重しながら生きていけるようにしよう、と思える。哲学の入門書としても。

title : 22

教科書に載っている文学作品って何がおもしろいの？　と思うあなたへ

『初心者のための「文学」』

大塚英志（角川書店）初出2006

読まず嫌いの「文学」

VS

読んでみた「文学」

三島由紀夫や太宰治をどうしても読む気が起こらない人に、「読み方」を教えてくれる、文学のおもしろ取扱説明書

＃文学の読み方を教えてくれる一冊　＃批評家・原作者が書く　＃大人になってから文学を読みたくなったあなたに！　＃ラノベと文学の境目に興味のある人にも　＃「ちょっと文学でも読んでみるかな」という気分のときにおすすめ

どうして、私たちは学校で「文学の読み方」を教わらなかったのだろう？

現代文という教科があったのに、なぜ、結局、中上健次も安部公房もよくわからないまま卒業したのだろう？

大人になって「もうちょっと文学でも読めるようになりたいなぁ」と思ったことのある人へ。私はぜひこの『初心者のための「文学」』という本をおすすめしたい。

この本は、その名のとおり文学に対して「初心者」の人向けに、「文学の読み方」を教えてくれる本である。

ふつうに本好きだった私が「本ってこんな読み方ができるのか」と驚いて、大学で文学研究しよっかなーと思った、きっかけの一冊でもある。

この本の作者である大塚英志という人は、自分流の読み方を「ほら、こんなふうに読めるでしょ」って私たちに見せる批評家である。

この人の本を一度も読んだことのない人がいたら、ぜひ読んでみてほしい。

手馴れている。まるで**初めてナンパ教室に来てキョドる男たちへ、華麗にナンパを指導する先生みたいだ。**ナンパ教室行ったことないけど。

日頃、本を読む人も読まない人もたいていの場合思いの外、「文学」を求めているのに、しかし、文芸誌の中に「文学」はないし、かといってミリオンセラーの小説が「文学」とも思えないはずです。
本書はそういう読者たちに、今は「文学」はどこにもないけれどちょっと前まではけっこうあったよ、ただし、「文学」はいささか厄介な小説なので取り扱い説明書付きで読んだ方がいいよ、といわば余計なお節介をするものです。

《人生を狂わせるこの一言》

それこそ「ひきこもり」も「ネット」も「ナショナリズム」も、たった今、目の前にある、あらゆる問題について考える「作法」が何十年か前に書かれた小説にちゃんと書いてあることに驚く方は少なくない、と思います。

私たちは小さい頃から読書を推奨されている割に、「本の読み方」はちっとも教えてもらっていない。

別にどんなふうに読んだって勝手なのだが、たとえば巷で恋愛指南書が絶えないように、「本との付き合い方」を教えてもらうだけで読書は案外ラクにおもしろくなる。

大塚英志の本を一冊読むだけで、肩肘張らずに、文学と付き合えるようになる。

それにしても、三島由紀夫も太宰治も村上春樹も、大塚英志の手にかかれば、こんなにおもしろく読むことができるのに。なぜ？　なぜ文学ってこう読むとおもしろいんだって教わらなかったのだろう？

たぶん――月並な答えになるけれど、「文学」の読み方はひとつじゃないから、だ。

正解のないことを学校で教えるわけにはいかない。たとえばそれは、学校で恋愛を教えられないのと同じように。

私たちは、一つひとつ自分の課外活動で「文学」を味わってゆくほかない。初恋の本と付き合い、すこし失敗し、大恋愛も大失恋も繰り広げながら。

そして時には、ナンパ師の先生の教えも乞いながら。

かくいう私も、まだまだ文学がわからない。

何がどうしてここまで私たちを惹きつけるのか、どう距離をとったらうまくいくのか、どんなふうに接したら文学は喜んでくれるのか。

私は、文学に対してずっとキョドっている気がする。

文学には、永遠に片思いだ。——神様に対して片思いも何もあるかい、というツッコミが聞こえてきそうだけど。

この本を読んだ方におすすめする「次の本」

『女生徒』　太宰治（角川書店）

『初心者のための「文学」』の中で紹介されていた中ではいちばん読みやすくて短くておもしろい作品！小説の中で綴られる女の子の語り口は、実は太宰治のもとへ送られてきたあるファンの女の子の日記が元ネタだったんだとか。

『世界文学を読みほどく：スタンダールからピンチョンまで【増補新版】』　池澤夏樹（新潮社）

初心者のための文学、世界文学バージョン。むかし京大で池澤夏樹がおこなった文学講義（いいなぁ）を本にしたもの。ジョイス、トルストイ、フォークナーなど錚々たる面子の文学をわかりやすく紐解いてゆく。小説家ならではの視点で「島は舞台にしやすい」「物語とはゴシップか神話かどちらかに行き着く」などおもしろい話を教えてくれる。

『映画の構造分析―ハリウッド映画で学べる現代思想』　内田樹（文藝春秋）

内田樹先生もけっこうナンパ師タイプの読み手だよなァと（勝手に）思うのだけど、その手練っぷりが「映画」に発揮されたスリリングな一冊。『エイリアン』も『ゴーストバスターズ』もヒッチコックも、こんなふうに意外な物語として「読む」ことができる。わかりやすく「映画の読み方」を教えてくれる本。

title : 23

『妊娠小説』

新しい読書ジャンルを開拓したいあなたへ

斎藤美奈子（筑摩書房）初出1994

文学は
高尚な教養
VS
文学は
笑えるエンタメ

文学の読み方が変わるっ。高尚なはずの森鷗外や島崎藤村の小説がゲラゲラ笑けてきてしまう文学批評本。

＃処女評論　＃文芸批評　＃といっても堅苦しい本ではなくめっちゃ笑える　＃「私、妊娠したの……」という場面に見覚えがある方注目　＃小説の中の女はなぜ生みたがる？　＃語り口にも注目　＃毒ありユーモアあり　＃文学を笑いながら読みたいときに

『妊娠小説』という本は、文芸批評本である。

批評本ってナニ？　と首を傾げられそうだけれども、本を取り上げて、それについてあーだこーだ言えばとりあえず批評本と言われえる。本についての本。それ本当におもしろいの……？　と批評を読んだことのない方からは言われそうである。

本についての本を読まなくても、そのまま本を読めばいーじゃん、と。

けどね、違う。本についての本はおもしろい。ものすごく。

いや、訂正しよう。本の中にもおもしろいものとそうでないものが存在するように、「本についての本」も、おもしろいものとそうでないものが存在する。

斎藤美奈子の『妊娠小説』は、**日本で出た「本についての本」の中で、もっとも「おもしろい」本についての本**である。まずタイトルに気を取られ、妊娠小説っていったい何!?　そう思って本を開くと、書き出しにこうある。

《人生を狂わせるこの一言》

日本の近現代文学には、「病気小説」や「貧乏小説」とならんで「妊娠小説」という伝統的ジャンルがあります。

病気小説、というと何となく想像がつく。サナトリウム文学というか、美人がごほごほと咳をする様子や、入院中に一枚の葉に思いを馳せる主人公が思い浮かぶ。貧乏小説、というのも同じく。お母さんが夜なべして内職してくれる、とかね。

しかし、妊娠小説というのは聞いたことないぞ、とたじろぐ。すると斎藤美奈子はこう続ける。

小説のなかで、ヒロインが「赤ちゃんができたらしいの」とこれ見よがしに宣告するシーンを、そしてそのためにヒーローが青くなってあわてふためくシーンを、あなたも目撃したことがあるでしょう。それらはいつも、限りない「どこかで見たぞ」感とともに、わたしたち読者をなんだか鼻がムズムズしてくるような恍惚の世界へといざなってくれるものでした。「妊娠小説」とは、いわば、かかる「受胎告知」によって涙と感動の物語空間を出現せしめるような小説のこと、であります。

うーむ。そう言われるとこちらまで鼻がムズムズしてくる。たしかに考えてみると**日本文学には「望まぬ妊娠」と「驚く主人公（男）」という場面が散見される。**

例を挙げてみると、たとえば森鷗外の『舞姫』。教科書で読んだこともあるのではないだろうか。エリスが妊娠しちゃうアレである。

ほかには、村上春樹の『風の歌を聴け』。「手術したばかりなのよ。」「子供？」「そう。」——村上春樹デビュー作にしてこんな会話がなされていることをご存知だろーか。なんで手術って女の子が言っただけで子どもってわかるんや、ふつうそこは「病気？」とかやろっ、とツッコミたくなるこの場面。

あるいは島崎藤村の『新生』。川端康成の『山の音』。村上龍の『テニスボーイの憂鬱』。三田誠広『赤ん坊の生まれない日』……こうやっていくつかを紹介しただけで、その作家ラインアップたるや「錚々たるメンツだなァ、日本の妊娠小説界」と言いたくなるこの気持ちをわかっていただけるだろーか。

もしくは今「うーん、読んだことない本ばかりだな〜」と思った方も大丈夫。斎藤美奈子の手にかかれば、読んだことのない本ですらおもしろそうに見えてくる。

斎藤美奈子は、この「望まぬ妊娠」を扱う小説に対して、

・「なぜ女たちはいつも産みたがるのか」
・「逆になぜ男たちはいつもおろおろと産んでほしくない態度を取るのか」
・「産婦人科医と胎児はいつもどのようにして妊娠小説を盛り上げるか」
・「ていうかそもそもなんでアレをちゃんとつけなかったのかっ」

……というような、一見身も蓋もない疑問を呈する。

考えたこともなかった。

妊娠した女の人は「産みたいの……」とのたまう母性があるものだと思っていたけど、言われてみればステレオタイプな反応だよなぁ。というか妊娠はしてしまうものとして描かれているけど、まぁ、なんつーか避けることはできるっちゃでき(以下自粛)。

斎藤美奈子は素朴な疑問を呈しつつ、**「はたして妊娠小説は日本文学においていかなる作用を生み出してきたのか?」**という本質に迫ってゆく。**「赤ちゃんができたの……」という女たちの告白を、日本の文学界は、なぜ描き続けるのだろう?**

『妊娠小説』を読んで確かめてみてほしいところである。

——ここにもうひとつの条件「妊娠物語の第二法則」が加わる。じつをいうと、重要なのはこっちなのだ。

y＜x（出産抑止力は出産促進力より大きい）

男の「抑止力」は女の「促進力」より大きい。もういっぺんいうぞ。なんじゃかんじゃいっても男のパワーの方が女のパワーより強い。これが妊娠物語の第二法則である。この第二法則を入れると、八つの妊娠物語がどういう構想に基づいて製造されているかが、もっとよくわかる。

笑ってしまう。

森鴎外や島崎藤村などというと高尚に聞こえるし、教養あふるる匂いが香り立つのだが……どっこいただの「妊娠小説」の父母である、と言われると、急におもしろおかしく読むことができる。時にはゲラゲラと声を上げて笑ってしまう。

斎藤美奈子のよーな切れ味があったら私の人生変わってただろーに、と読むたび羨ましくなる。だけどその切れ味は、読者を「笑わそうとする」よりももっと周到に、真面目に、文芸批評を真っ向から行うその「丁寧さ」に裏付けられている。

ただでさえ妊娠という身も蓋もない話題を扱うのだから、細部にまで気を配ることで説得力を担保しているのだ。

彼女は言う。


旧来の文学史や文学研究、文学批評はこのジャンルを今日まで頑として黙殺しつづけてきました。

まったく遺憾なことである、といわなければなりません。ほかのジャンルがそれぞれに研を競いあっている一方で、なぜ妊娠小説だけがこんな差別を受けなければならないのか。優れた妊娠小説の数々が、恋愛小説や青春小説の汚名を着せられたまま放置されてるのを見るにつけ、心を痛めた人も少なくありますまい。妊娠小説は妊娠小説として正しく評価され、「著者渾身の書き下し妊娠小説！」といった晴れやかな帯にこそ飾られてしかるべきものなのです。

そのためにはまず、長い間闇から闇へと葬り去られてきた妊娠小説の存在を、多くの人に認知してもらう必要がある。そこで、わたしたちの分析調査ははじまりました。


今まで無関係だと思っていた数々の本たちが、「妊娠小説」というひとつの言葉を手に入れることによって、ぱっと結びつく、その感覚。

私が読んできたものは、そういうものだったのか！

うー、この感覚こそ「本についての本」を読む快楽なのだ。

この本を読んだ方に
おすすめする「次の本」

『現代語訳 舞姫』
森鴎外著、井上靖訳（筑摩書房）

なんとあの『舞姫』に現代語訳が！ 教科書でむかし読んでよくわからなかった人にもおすすめしたい、もう一度読みたい舞姫。「妊娠小説」の中でもっともおもしろいのは、『舞姫』だと私は思う。ちなみに森鴎外はこの『舞姫』を家族の前で朗読していたらしい。この行為がどれだけ「やばい」ことなのか、小説を読んだらわかるはず……。

『源氏物語（新装版）』
紫式部著、高木卓訳（講談社）

元祖「妊娠小説」といえばやっぱ『源氏物語』だよな……。予想外の妊娠・オン・パレード。というわけで日本の一大長編古典作品『源氏物語』は、存外教育によろしくありません。お子さんが「古典に触れる～」とか言ったときにうっかり妊娠小説的部分に触れてしまわぬよう、青い鳥文庫バージョンを渡しましょうね！

『現代文学論争』 小谷野敦（筑摩書房）

川端康成の自殺の原因は「少女への失恋」だった、というのは捏造……？ たけくらべの最後に主人公の態度が変わるのは、初潮のせい？（そんなアホな）。宮沢賢治がやたら批判されるのはなぜ？ 文学者、文学研究者によるケンカ論争シリーズを集めた本。いい大人がこんなに喧嘩ばかりしてる文壇っていったい……。

title : 24

「難しい話」に背伸びしてみたいあなたへ

『人間の建設』

小林秀雄・岡潔（新潮社）初出1979

わかりやすさ

VS

むずかしさ

知の巨人たちが語る「日本史上もっとも知的な雑談」。文系と理系はわかり合えるのだろうか？教養とは何か知りたい人、ぜひ。

＃対談本　＃天才数学者と天才批評家　＃知性の塊　＃専門分野のまったく違うふたりによる雑談　＃教養の正体を知る　＃理系と文系の境界に興味ある人もぜひ　＃机上の知性は明日のパン代にはなってくれないけれど　＃その知性が問答無用にかっこいい

私になんらかの感動を与えたりするということもまた、私の意志ではないのです、記憶がやるんです。記憶が幼時のなつかしさに連れていくのです。

この本を初めて読んだのは、大学に入ったばかりの頃だった。18才の春、**「ここまで世界のことをちゃんと知ってる人がいるんだ」**と衝撃を受けたことをよく覚えている。

日本を代表する知性、天才数学者・岡潔と天才批評家・小林秀雄の対談本。小林秀雄は**日本近代批評を確立した人**だし、岡潔といえば**日本人初のノーベル賞受賞者・湯川秀樹の恩師である数学者。**

文系と理系の世界の巨匠ふたり。どちらも随筆を著しているが、とてもおもしろいし文章がやたら上手い。

ふだんは適度な距離を保っている「文系」と「理系」。しかしこの本の中ではがっぷり四つに組む。**「情緒」「直観」「感情」というような、ふつうは学問において定義が難しいし測定できないから軽くかわされがちなところ**を、この対談ではがしっとつかんでいる。

『人間の建設』は、学問や知性といったものがどこまで行けるのか、それらを本当に得て使っている人はどんな世界が見えるのか、をちらりと垣間見せてくれる。彼らが語ることはいちいち深くて、いいなぁ、カッコいいなぁ、なんて問答無用に憧れてしまう。こんなふうに世界が見たい、と思ってしまう。

だけどその「カッコよさ」というのは、彼らが難しいことをわかりやすく語っているから感じるわけではない。

彼らがカッコよく見えるのは、彼らが「難しいことを難しく」語っているから——だと思う。

小林　学問が好きになるということは、たいへんなことだと思うけれども。

岡　人は極端になにかをやれば、必ず好きになるという性質をもっています。好きにならぬのがむしろ不思議です。好きでやるのじゃない、ただ試験目当てに勉強するというような仕方は、人本来の道じゃないから、むしろそのほうがむずかしい。

小林　好きになることがむずかしいというのは、それはむずかしいことが好きにならなきゃいかんということでしょう。たとえば野球の選手がだんだんむずかしい球が打てる。やさしい球を打ったってつまらないですよ。ピッチャーもむずかしい球をほうるのですからね。

つまりやさしいことはつまらぬ、むずかしいことが面白いということが、だれにでもあります。

選手には、勝つことが面白いだろうが、それもまず、野球自体が面白くなっているからでしょう。その意味で、野球選手はたしかにみな学問しているのですよ。ところが学校というものは、むずかしいことが面白いという教育をしないのですな。
岡　そうですか。
小林　むずかしければむずかしいほど面白いということは、だれにでもわかることですよ。そういう教育をしなければいけないとぼくは思う。

世の中、なんとなく「『わかりやすさ』がいちばん大切だ」と言われがちだ。
もちろんわかりやすいことはいいことだ。難しいことをわかりやすく言えるというのはつまり他人への親切心があるということだし、親切心なしに人に何かを伝えることなんてできない。

だけど同時に、**あまりに「わかりやすさ」ばかり求めてしまうと、危ない**とも思う。だって世の中にわかりやすいものばかり溢れては、私たちはどうやって難しいことや複雑なことを理解する力を身につけるのだろう？

野球少年だって、甘ったるく投げられた球ばかり打っていてはそれ以上何にもならない。ラクだけど。

難しいことをわかりやすく言うと、どうしてもそこで抜け落ちてしまうものがある。難しいことはどうしたって難しい。むしろこちらががんばって難しいことに追いつかなきゃいけない。

とはいえそんなこと言われたって、難しいことを理解するのはめんどうだし辛い。わかりやすいものだけ触れていたい。――そんなことを思うときに、この本みたいな「難しいことを語る本」は、すこし役目を果たす。

だって、**この本を読んだら、憧れてしまう。難しいことを理解できる彼らに。**難しいことを勉強して、そして**ふつうの人が見えない世界を見ていることに。**

私もこんなふうに、難しい言葉でしか語ることのできない世界を見てみたい。そう思う。

だからちょっとくらい難しくても、よっこらせと腰を上げて「がんばりますか」って思えたりする。


人生の時間はかぎられているし、必ずしも難しいことを勉強しなきゃいけないわけじゃない。どんな人やものに憧れて、どう自分の時間を使うかは自分で決めるしかない。

だけどそれでも。こんな本を読んだら、憧れざるをえない。彼らみたいな知の力に。

私も知りたい、と思う。

きっとあなたも、知りたい、と思うはずだ。


そして難しいことを知ろうとしたとき、人生はすこしずつ音を立てて変わってゆく。

それはラクじゃないけど、けっこう楽しいことだと思うのだ。

この本を読んだ方に
おすすめする「次の本」

『思想のドラマトゥルギー』
林達夫、久野収（平凡社）

おすすめ対談本その2。難しいけどおもしろい知的対談。この知識力と思考力で80歳と70歳とかまじかよ、とツッコミを入れつつ読みたい。頭いい人って世の中にいっぱいいるもんですよね……。

『ことばを生み出す三角宇宙』
谷川俊太郎、高田宏、吉本ばなな
（朝日新聞出版）

おすすめ対談本その3。こちらは難しい言葉は使わないけど、ものすごく深い。書くとは、言葉とは、生きるとは？　日本の「言葉」のプロが集った一冊。

『あのひととここだけのおしゃべり―よしながふみ対談集』
よしながふみ（白泉社）

おすすめ対談本その4。『大奥』『きのう何食べた？』の作者である漫画家よしながふみが、リスペクトする少女漫画家、作家ら（※豪華です）とした「ここだけのおしゃべり」。一見ただのよしながふみ対談集なのだけれど、その内容はフェミニズムからBL好き女子論から日本女子論から多岐に渡り、なかなか読み応えがある。漫画も小説もドラマも映画も含めて「物語」が好きな人は楽しめるであろう対談本。

title : 25

生きるとか死ぬとかってけっこう虚しいよなぁと思う人へ

『時間の比較社会学』

真木悠介（岩波書店）初出 1981

どうせ死ぬ！
VS
だけど生きる！

時間を相対化するという挑戦から、誰もが抱える「どうせ死ぬんだから意味ないじゃん」という虚しさに対抗した労作。

#比較社会学　#「時間」とは何か？　#今の日本の時間感覚はどこから来たのか？　#様々な時代・国の「時間」を考える　#文章がきれい　#ニヒリズムからの脱却　#なんとなく虚しくなったときに読みたい

〈人生はみじかく、はかない〉という命題を第二に検討してみよう。

年々歳々花相似たり
歳々年々人同じからず

という劉廷芝の詩は、「客観的」でのがれがたい時間の事実をうたっているようにわれわれには思われる。

けれどもめんみつに検討してみると、それは時間の客観的事実ではなく、人間のみの個別性にたいするわれわれの執着のもたらす感傷にほかならないことが分かる。（中略）〈人生はみじかい〉という命題はじつは、なんらの客観的事実でもなく、このように途方もなく拡大された基準のとり方の効果にすぎない。

さらに「みじかさ」が、たんに相対的不満でなく絶対的なむなしさの意識となるのは、このばあいもまた、生存する時がそれじたいとして充足しているという感覚が失われ、時間が過去をつぎつぎと虚無化してゆくものとして感覚されるからである。

――「時間」というものを「相対化」すること。

そんなこと可能なんですかね。可能なんですよ、実は。

時間というと、当たり前に1日は24時間で、西暦はどんどん進んでいって、時間ももう進めば進むほど取り戻せないもの……そんなふうに思いますよね。そんなん絶対変えられない真実じゃないか、と。

だけど実は、そうでもない。

今の**私たちが持つ「時間」の感覚は、実は「つくられた」もの**であり、**「そうじゃない」時間感覚というのは存在する**んですね。ですから、「時間」だって相対化できるわけです。

え、でも、どうやって？

そう思ったあなた、ぜひこの本を読んでみてください。

この本の作者の真木悠介さんは社会学者なのですが、わかりやすく明晰な文章でいろいろなことを教えてくれます。

たとえば、今の私たちの時間感覚はどこから来たのか？　どうして「どうせ死ぬんだし」って思うようになったのか？　自分たちが当たり前だと思っていることは、どれくらい当たり前じゃないのか？

真木先生の手にかかれば、そんな疑問も知的にほどいてもらえるのです。

考えたことはありませんか？　**「結局何をしても意味ないじゃん、どうせ死ぬんだし」**って。

どうせ私たちはいつか死んでしまいます。生きることはつねに死へのカウントダウンでもある。だったら生きる意味っていったい何さ？　という疑問は、実はみんな持っていて当然なんだ、と真木先生は言います。

そうなのか、と読者は目を丸くします。あの頃自分だけが考えていると思っていた「どうせ死ぬんだし」の感情は、実は近代人みんなに訪れる当たり前の結論だ、って真木先生が軽く言うから。

じゃあどうやって「どうせ死ぬんだし」を超えていけばいいのだろう？

「どうせ死ぬんだし」は、どんどん時間は進んでゆくと考える私たちの時間間隔に依拠している、と真木先生は言います。

《人生を狂わせるこの一言》

われわれが、現時充足的《コンサマトリー》な時の充実を生きているときをふりかえってみると、それは必ず、具体的な他者や自然との交響のなか

で、絶対化された「自我」の牢獄が溶解しているときだ

人生は考え方ひとつで色を変える。ひとつその例を見せてもらったなぁ、と思う本です。時間というものだって自分の考え方でコントロールできるのだとすれば、最強だなって思いません？

この本を読んだ方におすすめする「次の本」

『野生の思考』　クロード・レヴィ＝ストロース（みすず書房）

『時間の比較社会学』の中でも引用されている、人類学の古典的名著。……ってあんまり先入観を持たずに読んでもおもしろい一冊。「未開人」と呼ばれる人々の生活をまなざしつつ、そこに積み重ねられた「文化」という「構造」を見出す。結婚や象徴など、現代にも通じる考え方を知ることのできる愉快な本。

『オスとメス＝性の不思議』　長谷川真理子（講談社）

『時間の比較社会学』では相対化することで私たちの「時間」を考えたわけだが、この『オスとメス＝性の不思議』は、様々な動物の「オスとメス」を比較することで男女を考える。げらげら笑える。まじで。性転換する動物とかオスをつくるのはそもそもコストがかかるとかメスの選り好みとか……。

『定本 想像の共同体―ナショナリズムの起源と流行』　ベネディクト・アンダーソン（書籍工房早山）

社会学つながりで、ナショナリズム論の古典。おもしろいよ！「今の日本の時間感覚……」なんて簡単に言うけれど、じゃあその「日本」ってどこからどこまでだろう？　この本は「日本」という国も「想像」の産物だ、と言う。自分の今の考えすら結局「与えられた幻想」なのだなと驚く一冊。

title: 26

社会に適合するのってむずかしいと思うあなたへ

『コミュニケーション不全症候群』

中島梓（筑摩書房）初出 1991

まともに生きる VS ヘンタイとして生きる

「90 年代」以降の少年少女の生き様を書き下した評論。自分を傷つける方法と、楽にする方法を同時に学べる一冊。

現代社会評論　# 少年少女の謎を解く　# 現代の少年少女はどうしてオタク趣味にハマるのか？　# 腐女子　# ダイエット　# 少年愛　# 成熟拒否とは何か？　#90 年代評論　# ですが今読んでもまったく古くない！　# オウムの出現を予言　# 若者論

アイドルを見るのが好きだ。

かわいい女の子ががんばっている姿を見るのが好き、という少女漫画の延長線上のような気分もあるが、それ以上に、彼女たちの姿そのものに興味がある。

たぶんどこかで共感しているというか、ふつうの社会に生きる女の子たちの写し鏡として見ているのだと思う。

溢れかえるほどいるアイドルの女の子たちを見ていると、時々切なくなる。

みんなかわいくて個性的でがんばり屋さんで、それなのに順位はつけられるし様々なことでケチをつけられるし、その子がいなくなっても代わりは山ほどいる。それはその子がアイドルという「商品」だから。

こんなにも女の子が溢れかえっていて、そのなかで「きみがいちばん」って選ばれるためには、どうすればいいのだろう? ――おそらくこのことを考えるのは、アイドルだけではない。ふつうの社会に生きる女の子だって、そして男の子だって一緒だ。

就活で「うちの会社に君が欲しい」と言われたり、飲み会で「あの子がいちばんかわいい(カッコいい)」と言われたり。たとえ**おじさんからの評価だって、どうも思っていない異性からの評価だって、評価されたら何かしら思う**わけだし、「どう見られるかな?」と基本的に考えている。

従っても従わなくてもいいと思うけど、でも、やっぱりそこで「選ばれない」ことに傷ついてしまう人は、たしかにいる。

だって、選ばれたいし、愛されたいんだもの。

紹介する中島梓の『コミュニケーション不全症候群』は、ダイエット依存症の女の子とか、腐女子とか、オタクとか、そういう現代の少年少女の現象を「現代社会への過剰適応」である、と説く本だ。

「まともであるほうがおかしい」社会の少年少女を考察したこの本。自分には関係ないと思っていたら、最後、読んでいるうちに泣いてしまった。

中島梓は、少女たちがダイエットをするのは、社会が「求めるいい子」像から自分が外れないためだ、と言う。


真面目で従順だからこそ、彼女たちは社会からのメッセージ、命令に過度に忠実にしたがう。そうして自分自身を破壊しようとすることによってだけ、彼女たちは社会に無力な復讐をとげているのである。（中略）

ダイエットが女性たちに約束している手形はこうである——あなたももし、この社会の「いい子」のメンバーでいたい、社会からかわいがられる優等生でいたいのならば、私のいうことをきいて、私の価値を信じる事だ。体重は軽ければ軽いほど偉いのだ。

私はやっぱり女だから、同性として様々な女の子たちを見てきた。

彼女たちは彼女たちなりにいろんな穴を抱え、その穴を塞ぐためにいろんなものを用意する。あるときはモテることだったりtwitterで自慢することだったりダイエットすることだったりBLを読むことだったり、いろんな方法があって、それは本当に彼女たちの救済措置だったのだと思う。

そして同時に、どうして、女の子はこんなに「選ばれたい」のだろう？　と思う。

もちろん男の子だって選ばれたいだろう。モテたいはずだ。だけどそれはやっぱりちょっと違う。「欲されることを欲する」という、欲望を欲望するということが女の子のモテの特徴だから。

私を欲してほしい！　と思うなら、男や社会から望まれるような形になることがてっとり早い。

某巨大アイドルグループを見ればわかるように、「飼われる」少女というものを見るのは、たくさんの人にとってそもそも快楽なのだ。私たちは無意識的に、少女たちにコントロール下にいてほしいのである。

だけどそんなの、と思う。他人に飼われるために、愛されるために、選ばれるために私たちは生きているわけじゃない。

本当は女の子たちも、選ばれるんじゃなくて、選ぶんだよ、っていつも思う。異性である私が知らないところで、男の子もきっと同じなのだろうけれど。

中島梓は、私たちに向かって言う。

この本のなかで書いてあることは、ひとことで云えば、いまの世の中、ヘンタイにならんで生きてゆけるほうがどうかしてるんだぜ、ということです。また、ヘンタイの底に希望が見える、というようなお話でもあります。私が一番怖いのはマトモな人です。私が一番キライなのは偉い人です。私が何より苦手なのは立派な主婦のかたと自信たっぷりのおっさんです。そういう人、つまりは由緒正しいお父さんとお母さん軍団のために私たちはこんなに苦しまなくてはなりませんでした。

《人生を狂わせるこの一言》

私たちは誰だって本当は父殺し、母殺しを夢見ている子供部屋の奴隷たちだったのではないでしょうか。

かわりに女子高生を監禁したかったかもしれない。かわりに幼女をバラバラにしたかもしれない。父を殺し、母を殺す金属バットを持つ力がなかったのだから。そういったら父や母はどれほど驚くでしょう。そして叫ぶでしょう。〈我々の何が間違っていたのか〉と。そう、彼らはきっと間違っていなかったからいけなかったのでしょう。父よ、母よ、あなたたちはいつだって正しかったのだから。

――いつだって、選ばれたい。愛されたくてしょうがない。それは「誰かに」じゃない。「みんなに」だ。誰にでも好かれたい、そうじゃない私なんて許されるわけがない。愛されていない私なんて、居場所があるわけがない。

そんなふうに思うことを、いつか、少年少女たちはやめる日が来るんだろうか。

いや、やめる日は来ないのかもしれない。

それでもこの本を読むことで、**自分の病を自覚すること**はできる。気づくことから、その病の治療は始まる。優等生でなくたって、愛されていなくたって、正しくなくたって、好きに生きていいって知ることはできる。

時代や社会に負けないで、正しさの強制から自由であるために。

そういう生き方のために、今まだ子ども部屋にいる「あなた」のために、中島梓はこの本の中で、今も、大きな声で叫んでいる。

この本を読んだ方に おすすめする「次の本」

『豹頭の仮面―グイン・サーガ(1)』 栗本薫(早川書房)

中島梓と栗本薫は同一人物の別名義なのだけれど、『コミュニ～』を読んだあとに栗本薫の本を読み返すと、作者の思想がわかってより楽しめるようになる。中でも『グイン・サーガ』シリーズは最高傑作で、これから先もずっと読まれてほしいファンタジー小説。ものすごく長い(まさかの未完で終わってしまった……) のだけれど、がんがん続きが気になってしまう。私は読むといつも「とりあえず次の巻読むまで死ねないっ」と叫んでいた。

『少女民俗学―世紀末の神話をつむぐ「巫女の末裔」』 大塚英志(光文社)

「少女」たちはなぜ「少女」であり続けようとするのか? こちらは「80年代」に刊行された少女論。80年代カルチャーを覗けるしおもしろい考察もあるし、わりといい本。しかし誰かもっと現代の少女論を書いてくれよ。

『なぜふつうに食べられないのか:拒食と過食の文化人類学』磯野真穂(春秋社)

『コミュニケーション不全症候群』で語られた「ダイエット」の行く末を見る一冊。「ふつうに食べられないこと」について、医療ではなく「文化人類学」的にアプローチした本。インタビューが丁寧!

title: 27

どうせ変わりっこない、なんて本当は思いたくないあなたへ

『枠組み外しの旅「個性化」が変える福祉社会』

竹端寛（青灯社）初出2012

勉強なんて
意味がない
VS
勉強したら
何かが 変わる

「しゃーない」って諦めてしまうところをきちんと「越えて」いく元気が出る学術書

#社会学の学術書　#でも社会学に興味のない人もおもしろく読めます！　#諦めを越えてどうすれば自分を変えられるか　#「ダイエットしたいけどできない」その理由を知りたい人は読んで！　#「学びって何？」←これに答えられるようになりたいあなたにおすすめ

「なんで勉強しないといけないの？」

こう聞かれたら、あなたはどう答えますか？

なんで勉強しないといけないんでしょうね。円周率とか元素記号とか古文単語とか、何の役に立つんでしょうね。

――この問いに対していろんな回答があると思いますが、今回紹介する『枠組み外しの旅』の作者である竹端先生なら、きっとこう答えるんじゃないかなぁ、と思います。

「しゃーないって諦めずに、自分や世界を変えるため」。

もちろんお聞きしたことはないので私の勝手な妄想なのですが、**この本は確実にそう語りかけてきます。**

竹端先生は、福祉社会学や障害者福祉政策について研究されている方。この本も一見福祉社会学の専門書なんですよね。なんですけど、福祉社会学そのものに興味がなくても、おもしろい本なんです。

というのも、この本がテーマにしているのが、**「思い込みという枠にとらわれた状態から脱**

するにはどうしたらいいのか?」という、誰にでも関係することだから。

思い込み――それは、「しゃーない」「どうせ」という諦めでもあり、さらにその諦めに自分自身が気づいていなかったりする枠組みそのものだったりします。

考えてもみれば、**「しゃーない」という言葉は、魔法の言葉であり、同時に、呪いの言葉です。**

諦められれば、ある意味、楽になれる。

身近な例をあげるとダイエット。太ってるけどまぁしゃーないやん、と言ってしまえば楽になれますよね。自分の今の状態を受け入れることも大切です。だけど、竹端先生は自らのダイエット経験を振り返ってこう言います。

きっかけは、ある医者から告げられた一言だった。

「あなたは〝食毒〟、つまり食べ過ぎ、です」

「食べ過ぎ」という事実に、「食毒」というラベルを貼るだけで、世界が違って見えてくる。

(中略)「食べ過ぎ」によって体内に消化しきれない栄養素をため込むことが「毒」である、

という「食毒」概念は、自己正当化の論理を木っ端微塵に打ち砕く。

うーむ、なるほど。

たしかに私たちは「腹が減っては戦はできぬ」とかいう言葉にすごく慣れ親しんでいるけれど、「食毒」という言葉を知ると、**食べることが無条件にプラスだと思っていた「思い込み」が自分を縛っていたのだ、**と気づかされる。その思い込みに気づくだけで、太っている自分を変える気になるのです。

こんなふうに、身近な「ダイエット」という話題から始まって、本題である「福祉の現場」に至るまで、竹端先生は**「思い込みの枠」から「いかに自由になっていけるのか？」**を考えていきます。

今まであった「しきたり」って、何も悪意からみんな従っているわけではないんですよね。「これまでそうだったからこれからもそうだろう」という何気ない呪縛がそこにあるだけなんです。

《人生を狂わせるこの一言》

社会を変えようとする前に、問題の一部は自分自身であることに

気づき、まず自分を変えることからこそ、「自由」に至る回路が開かれる

社会を変える、という文言がそこらじゅうに溢れる昨今ですが、じゃあ何が社会を縛っているのか？　あるいは何が私たちの思考を枠にはめているのか？

そういう**見えない抑圧を「見えるようにする」方法が、この本には書かれています。**

その方法とは、「学びの渦」に入ること――要は自分の世界の枠について「学ぶこと」なのだ、とこの本は言います。

私たちは何に縛られているのか。それは自分の中をいくら目を凝らしても見えないから。

勉強って何のためにするの？　なんて小さい頃考えていた人も多いでしょうが、**この本を読むと、結局、「勉強すること」がいちばん自由になれる方法なんだ、っていうことに気づく**と思うのです。見えない抑圧から自由になるためにいちばん有効な方法、それが勉強なのだと。

一見社会福祉の学術書が、その実は「どうやったら人は変わるのか」という問題と真摯に

向き合っている著者さんの本です。**学術書でこんなこと可能なのか、**と驚かされ、学問の強さを教えてくれた一冊。おすすめです。

この本を読んだ方に おすすめする「次の本」

『愛に生きる』　鈴木鎮一（講談社）

「諦めないために学ぶ」ことは、何も勉強にかぎったことではない。数々の世界的ヴァイオリニストを育てた「スズキメソード」を持つ作者による、子どもの教育論。「才能は天賦のものではなく、育てられるもの」という信念から、子どもも大人も知るところの多い本。

『はい、泳げません』
高橋秀実（新潮社）

「学び」についての本、スポーツバージョン。カナヅチの「泳げない」作者が、水泳のコーチとの往復書簡によって「泳げる」ようになる（?）までのエッセイ。何かを「わかる」と「わからない」の差は、「泳げる」人と「泳げない」人の間にある深い溝のように厳しい。だけどきっと人間はそこを越えていける！学ぶことによって！

『ひとりでは生きられないのも芸のうち』
内田樹（文藝春秋）

誰が読んでも得るものがある一冊。竹端寛先生と同じく、「読みやすいのに学術的」と言えば内田樹先生である。「Cancam」から結婚、自己愛に至るまで、世間のあらゆる現象をさくっと噛みやすく説いてくれる割に、内容は骨太。読み終わったあとに勉強したくなる本。

title: 28

理想の「生き様」や「美学」を探している青少年たちへ！

『燃えよ剣』

司馬遼太郎（新潮社）初出1970

「結果」のカッコよさ

VS

「姿勢」のカッコよさ

「カッコよさ」の定義が狂わされる、問答無用にカッコいい歴史小説。土方歳三は負けてもなお、カッコいい。

#歴史小説 #幕末が舞台 #新選組 #土方歳三 #司馬文学の原点にして頂点 #男の子の成長物語が好きな人ぜひ！ #男の子はぜひ若いうちに読んでー!! #カッコよさを思い出したいときに読みたい一冊

「読むべき時期」というものが存在する本があります。

別にその時期に読まなくてもいいんだけど、でもやっぱり「この時期に読んだ方がおもしろく読めるであろう」本。その時期だからこそ芯まで浸み込むことのできる何かを持っている本。

具体的に言うと——やっぱり『ライ麦畑でつかまえて』は10代20代の本だと思うし、『人間失格』も思春期の本だと思う。逆に『門』なんかは歳とってからの方が理解できそう。

そして、この本も、そういう類の一冊ではないかな、と思うのです。

『燃えよ剣』……この本は、司馬遼太郎による、**青少年のための青少年本なのです。**

——時は幕末。

京の町で「鬼」とまで怖れられたのは、新選組副長の土方歳三。

しかし彼は最初から武士だったわけではない、元は「バラガキのトシ」と呼ばれた喧嘩好きの百姓息子だったのだ……。

この土方歳三の生涯を、稀代の歴史小説家・司馬遼太郎がそれはもうカッコよく描いたのが『燃えよ剣』なんですね。やーもうカッコいいんだよなぁ、これが。

「春の好きなひとは、いつもあしたに望みをかけている、と云いますね」

この小説を読むと、「カッコいい、って結局何なのだろう？」と思います。

実際、土方歳三がしていることなんて、ひたすらに厳しい規律をつくり、時には仲間を切腹に追いやり、女の人を泣かせて、ついには死んでしまうだけなんですよね（**新選組、まじで今の言葉で言うとブラック企業どころの騒ぎではない**）。

でもやっぱり土方歳三は「カッコいい」んですよ。どうしてもカッコいい。誰が何と言おうと問答無用にカッコいい。

数歩行ったところで、路上に蹲踞している男を発見したからである。気づいたときには、ほとんど突きあたりそうになっていた。

「あっ」

男は飛びのこうとした。右足をあげ、刀の柄に手をかけた。が、そのままの姿勢で、わっとあおむけざまにころがった。歳三の和泉守兼定が下からはねあがって、男のあごを割っていたのである。

歳三は、立ちあがった。

「私が、土方歳三だ」

「…………」

斬られずに済んだ他の男は、しばらく口をひらいたままこの現実が理解できぬ様子だったが、やがて、声にならぬ声をあげると、二帖半敷町の辻へ一散に逃げた。


か、かーっ。かっこえー。

それにしても、なぜ!? ブラック企業の上司なのに!? なぜ土方歳三はカッコいいのっ!?

だってね、土方さん、最後、負けるんですよ。新選組は敗北しちゃうわけです。

思えば、子どものときに見ていたヒーローはいつも無敵でした。アンパンマンもウルトラマンも仮面ライダーも、ラストシーンで負けたところは見たことがない。

「いつだって強くて、最後は勝つこと」――これこそがカッコいい姿なのだ、と私たちは刷り込まれています。

だけど、土方さんは違う。「負けるヒーロー」。

負けるのは、カッコ悪いことのはずだった。それまでがどんなにカッコいい姿をしていても、負けたらヒーローにはなれないんだって思っていた。

けど、土方さんはカッコいいんですよ！　どこまでも！　**それはつまり、土方さんの「姿勢」がカッコいいから。**

結果がどうであれ、そこに向かってゆく姿勢がぴんと伸びていること――妥協せずに、甘えずに、自分のしたことの責任を誰よりまず自分で負っていること――その姿が私たちに「か、かーっこいいいっ」と思わせるわけです。

そうか、カッコいいって、勝つことじゃないんだ。

『燃えよ剣』を読むと、カッコよさの定義が変わります。小説を読みながら、土方さんの、新選組の、後ろ姿を追っかけているうちに「カッコよさってこういうことか」と知ることになる。

しかし不思議だなと思うのが、私、この本を高校生のときに初めて読んで、それはもうのめり込んで読んだ経験があるんですね（新選組にハマって京都の大学に志望校変えたくらい……)。

でも、今読むと、もちろんおもしろいし文章はうまいし相変わらずの司馬大先生の力業につい惹き込まれちゃうのは変わらないのですが、16歳のときに感じた、あの熱狂に近いハマりっぷりってもうこの小説には感じられないなぁ、と思うのです。

土方歳三の後ろ姿を追いかけていられる時期。

土方歳三のカッコよさ——つまりはその「姿勢」に対する美学——を目に焼き付けられていられる時期。「生き様」みたいなものに対して真摯に向き合っている時期。そういうときにこそ、読むべき本なんだろうなぁ、と。

もちろん一人ひとり「読むべき時期」は違うのでしょうけれど。

強制されるわけではなく、「その時期に読んだからこそ」あなたの特別になりえる。

あなたの人生を動かせる、狂わせる一冊になるために、あなたはその本にその時期に出会ったのだ——なぁーんて言える本があると、人生楽しいなって思いますよ。

どうか、あなたにもそんな一冊がありますように！

この本を読んだ方に おすすめする「次の本」

『国盗り物語（一）～（四）』
司馬遼太郎（新潮社）

『燃えよ剣』で初めて司馬先生を読んだ人は、次はこれ!! ページをめくる手が止まらないから!! ちなみにそのむかし一巻を読みはじめたら止まらなくなって、授業まるまるサボって全四巻一気に読んだ思い出のある本……（よい子は真似してはいけません）。斎藤道三と織田信長を主人公にして戦国時代を描いた歴史小説。

『蒼穹の昴（上・下）』
浅田次郎（講談社）

『燃えよ剣』に匹敵できるくらいおもしろくてアツい歴史小説といえば浅田次郎だろっ。こちらは中国清朝末期を舞台にした一大スペクタクル物語。徹夜できる日に読んでください！

『陽炎ノ辻 ― 居眠り磐音江戸双紙 1』
佐伯泰英（双葉社）

ハイ、何を隠そう山本耕史さんつながりです（爆）。（※大河ドラマ『新選組！』で土方歳三を演じていた山本耕史さんは、NHK のドラマ「陽炎の辻～居眠り磐音 江戸双紙～』で主役を演じていたのでした。いやーかっこよかったのこれが）。や、でもほんとおもしろいから！ 時代小説って私ほどんど読まないけどこれは大好きだから！ 時代小説入門にもおすすめ！

title : 29

「まともさ」や「綺麗事」に違和感を覚えるあなたへ

『堕落論』

坂口安吾（新潮社）初出 1947

高潔 VS 堕落

不況になると「坂口安吾」が流行るらしい。すぐに「堕ちて」しまう人間の性を、じゃあどうするかって本です。

戦後の代表作家による評論集　# 無頼派　# 坂口安吾の思想を知るならこの一冊　# 小説家が見る日本文化・日本人の思想を知る　# 一つひとつの評論がかなり短いので、合間の読書にもおすすめ　# パンチのあるものを読みたいときに！

世の中には、どうしたって文章がきらきらしてしまう人がいる。

たとえば小林秀雄、たとえば三島由紀夫。文章が華麗で美しくて、きらきらしすぎて、星が瞬くみたいにチカチカする文章を書く人がいる。

正直中身が頭に入ってこないくらい。

逆に、どうしたって文章が日本刀みたいに鋭くて、カッコよくしかいられない人がいる。

厳しくて睨みがきいていて端正で、どんなに崩して汗をかきっぱなしでも、絵になってしまう**むかしの映画俳優みたいな文章。**

私にとって**その最たる書き手は、坂口安吾だ。**

『堕落論』を初めて読んだのは大学受験を控えた秋だった。

本当に、受験勉強用に固めた脳みそが溶けそうになって焦ったことを覚えている。

やばい、これ今読んだらだめなやつだ。

《人生を狂わせるこの一言》

堕落ということの驚くべき平凡さや平凡な当然さに比べると、あのすさまじい偉大な破壊の愛情や運命に従順な人間達の美しさも、泡沫のような虚しい幻影にすぎないという気持がする。

一読してすぐさま図書室に戻したけれど、どうしてももう一度読みたくなって、もう一度だけ借り直したことを覚えている。

「堕落論」が発表されたのは、1946年の4月。戦後の荒地において、坂口安吾は戦前と戦後を比較しつつ、言う。

半年のうちに世相は変った。醜の御楯といでたつ我は。大君のへにこそ死なめかえりみはせじ。若者達は花と散ったが、同じ彼等が生き残って闇屋となる。ももとせの命ねがわじいつの日にか御楯とゆかん君とちぎりて。けなげな心情で男を送った女達も半年の月日のうちに夫君の位牌にぬかずくことも事務的になるばかりであろうし、やがて新たな面影を胸に宿すのも遠い日のことではない。人間が変ったのではない。人間は元来そういうものであり、変ったのは世相の上皮だけのことだ。

評論の中で世の中を斬りつつ、坂口安吾は言う。各人が自分自身の正しく堕ちる道を見つけ、自分自身の武士道、自分自身の天皇を見つけろ、と。

それにしても、戦後生まれでもなんでもないあのときの私は、この本を読んでいったい何に焦ったのだろう？　——今になって考えるけど、私が怖れるのは、やっぱり安吾の佇まいの端正さだ。

坂口安吾は、いつも私たちに睨みをきかせる。鋭い眼光とヤクザみたいな笑い方をもって。

適当な綺麗事語ってんじゃねえ。

理想ぶんな。

平成生まれの能天気な平和ボケ人間からすると、ちょっと息を呑んでしまうほどのありありとした「現実」の痛みの手触りがそこにはある。

そして安吾に睨まれている自分を知る。

私たちは安吾の生きた戦後を超えた時代を生きている。だけど、安吾の睨みからいまだに逃れることはできない。

いまだに堕ち切ることができずに、きれいごとや理想論を語りたがり、夢を見たくなる。幻想を信じたがる。たまに誰かの見ているところを見計らって「しにたーい」なんて呟いてしまう。

そんなんじゃないのに。**生きて、戦って、堕ちて、初めて安吾は「生きた」って許してくれるのに。**


即ち堕落は常に孤独なものであり、他の人々に見すてられ、父母にまで見すてられ、ただ自らに頼る以外に術のない宿命を帯びている。


だけど不思議だ。どんなに酷いことを言っていても、やっぱり安吾はカッコいい。そこにある安吾自身の孤独と姿勢のよさが、文章から滲み出る。

「安吾の言うことなんて気にしなくていいじゃない」って思うのだけれど、でもやっぱり私はこの睨みに吸い寄せられてしまう。

私が受験勉強なんていう社会でまっとうとされる努力をしながら、どうしても読みたくなって『堕落論』を読み返してしまったように。

安吾に認めてもらいたくなる。

この本を読んだ方に おすすめする「次の本」

『不道徳教育講座』
三島由紀夫（KADOKAWA）

カッコいい不良少年育成本その2（もちろんその1は『堕落論』）。といいつつ不良にも不道徳にもなりきらない、品のあるユーモア溢れる文章が魅力的。

『書を捨てよ、町へ出よう』
寺山修司（KADOKAWA）

カッコいい不良少年育成本その3。題名だけですでに何かに勝っている、詩人・寺山修司の有名なエッセイ。しかしいつ見てもこの題名は秀逸だな。

『底辺女子高生』　豊島ミホ（幻冬舎）

と言いつつ、不良少年育成本たちを読んでもカッコいい不良になんかなれねぇ！　──そんな悩める少年少女におすすめの一冊。小説家・豊島ミホが自らの「底辺」な青春の日々を綴った自虐的エッセイ。不登校になった瞬間とか、家出失敗とか、ゲームしまくってた夏休みとか、書かれてあるのは田舎の女子高生のすこしばかり切ない日々なのだけど、豊島ミホの語り口がおもしろくてなんだかとっても好ましく読めてしまう。大人になってから読んでもいいんだけど、中高生のときに読むと妙に切実に染み込む、魅力的なエッセイ。

title: 30

人生に意味なんてないのでは……と絶望しはじめたあなたへ

『アウトサイダー』

コリン・ウィルソン（中村保男訳・集英社）初出1956

退屈な日常

VS

退屈からの脱却

どうしたら人は「日常の退屈」に負けずに生きられるのか？　そんな疑問に文学を通して答える、とにかく死ぬほどおもしろい本。

#処女作　#文芸・哲学・歴史・芸術を一挙横断　#ニーチェ　#カミュ　#ドストエフスキー　#ヘッセ　#キルケゴール　#知的スリラー　#文章がかっこいいんだよなぁ　#「日常の退屈からの脱却」というテーマを鮮やかに浮き上がらせる　#現代人特有の病　#その脱出法とは　#大学生にぜひ読んでほしい一冊

――自分がもっとも自分となるような、つまり最大限に自己を表現できるような行動方式を見いだすのが「アウトサイダー」の仕事である
――

……こんなことを言うのは、コリン・ウィルソンしかいない。

――「アウトサイダー」は、たまたま自分が幸運に恵まれているから世界を肯定するのではなく、あくまでも自分の「意思」による肯定をしたいと願う。
――

タイトルともなっている「アウトサイダー」とはいったい何者のことなのか？「日常の退屈」に負けずに、どうしたら人は楽しく生きられるのか？

そんな疑問を、古今東西の文学を引っ張り出しながら論じた本です。

ニーチエ、カミュ、ドストエフスキー、ヘッセ、キルケゴール……様々な人物とその作品を登場させながら、著者は「アウトサイダー」というものの姿を鮮やかに明らかにしていく、のですが。

結局、この本に書いてあることは、この疑問に尽きるのです。

――なぜ私たちは日常生活に倦怠するのか？

あなたも一度くらいありますよね？　**「人生いったい何の意味があるんだ」**って思ったこと。もし思った、だけじゃなくて、**今も思っているのなら、ぜひこの本を読んでみてほしいです。**

ここにあなたの答えがあるもんだから。

毎日同じことを繰り返す日常って、なんて退屈なんでしょうね。

もちろん「暇なんか感じてる暇ない、毎日やるべきことが満載！」って方もたくさんいらっしゃるでしょうが、終わりのない日常性にうんざりしてしまうときがあります。うんざりするだけならビールの一杯でも飲めばいいのでしょうが、もっと突き詰めると、「人生そもそも何の意味があるのか」って思うところまでいってしまう。

《人生を狂わせるこの一言》

（自分には）才能もなく、達成すべき使命もなく、これと言って伝えるべき感情もない。わたしは何も所有せず、何者にも値しない。が、それでもなお、なんらかの償いをわたしは欲する。

本当にそうなんですよ、**みんな結局何も持ってないんだもの。**生きる意味も果たす使命も絶対表現しなくてはならない出来事もない。そんなもんあるはずがない。

だけど、だけどそんなふうに世界や自分が**無意味だからこそ、**無意味に見えるからこそ、私たちは**それに目的を見出したくなる。**意味を欲するんですね。

日常生活が退屈で仕方ないからこそ、そこに何らかの意味を、目的を見出してゆくしかない。それは怠惰であってはできないことだし、機械的にすべてをこなそうとすると難しい。そんな自分と戦いながら、それでも、と。

コリン・ウィルソンは最後に言います。

自己保全の本能が内面拡大の苦しみに反抗し、精神的な怠惰へ趨りがちな衝動が、ことあるごとに波のような眠りに高まってくるのをものともせずに、自分の眼で見、自分の手で触れる体験の量を限定しまいと意識的に努め、存在の敏感な部分を、それに傷を与えるかもしれない対象にさらけだし、あくまでも全体としてものを見るべく苦闘すること、それが個人に課せられた問題である。個人は、この永い努力を「アウトサイダー」として、始める。

文学批評なんて退屈で意味がない、そう思っている人にこそ読んでほしいです。だって死ぬほどおもしろくて衝撃的な「知」ほど幸せなものはないんだから。日常生活に埋もれて窒息しそうなときに読むと、本気で人生が変わるから。

少なくともこの本を読んでいるあいだは、絶対、退屈させません！

この本を読んだ方におすすめする「次の本」

『スロウハイツの神様（上・下）』
辻村深月（講談社）

「アウトサイダー」が集まって生活した話、として私は『スロウハイツの神様』をこよなく愛している。脚本家や小説家、クリエイター志望の若者が集ったアパート「スロウハイツ」で、各々の道に進むべく切磋琢磨する若者たち。彼らの芸術や物語に対する熱量が泣けてしょうがない。

『チェーザレ・ボルジアあるいは優雅なる冷酷』
塩野七生（新潮社）

「アウトサイダー」が為政者になろうとしたとき、いったいどうなるのか？　舞台はルネサンス期、イタリア統一の野望を抱いたひとりの若者の物語。とにかくアウトサイダー然している主人公のチェーザレが優雅で冷酷でカッコいい小説。

『切りとれ、あの祈る手を――〈本〉と〈革命〉をめぐる五つの夜話』
佐々木中（河出書房新社）

もうタイトルだけでお腹いっぱいになりそうな、文学者・評論家の佐々木中の語り下ろしエッセイ。次から次へといろんな知識を持ってくる様子に感服。私は彼を「日本版コリン・ウィルソン」と呼びたい。『アウトサイダー』にハマった人はハマりそうな一冊。

title: 31

社会の幻想がつまらなく思えてきたあなたへ

『ものぐさ精神分析』

岸田秀（中公公論新社）初出1977

正気 VS 狂気

夢とか自己実現とか、そういう「まやかし」に惑わされないために読みたい一冊。歴史的名言に出会ってください。

#現代社会の矛盾を衝く評論集　#岸田流「唯幻論」　#「唯物論」でも「唯心論」でもない　#心理学と言いながら心理学のつまらなさを説く一冊　#正気と狂気が入れ替わる　#正常と異常の差に興味のある人におすすめ　#「刺激」的な本が読みたいときに

本気で世界がひっくり返ったように見えた本だ。

「今の自分が嫌いだから変えたい」「夢を持ちたい」そんなふうに思っている人に、「自己嫌悪の効用」を読んでほしい、と言ったら意地悪だろうか。

「人間は本能が壊れたためにやむをえず文明をつくったのであって、動物より劣った存在である」

『ものぐさ精神分析』は、心理学者・岸田秀による著書。

彼は「人間は本能の壊れた動物だ」という前提を出発点として、社会や歴史の様々な事象の「常識」をひっくり返してゆく。社会や人間の幻想解体ショーである。

岸田秀を読むとき、「うわっ」といちいち声をあげつつキレッキレの殺陣を見ているような感覚と、「うわぁ……」と目を細めてしまう残酷ショーを見ているような感覚と両方に襲われる。

人間は壊れたラジオだ、と岸田秀は言う。

「人間は、本能の壊れた生き物なのだ」と。

ふつうは「本能だけで生きている動物よりも、文明を持つ人間は優れている」と考えられがちである。だけど岸田は、逆だと言っている。決して動物よりも高次な生物ではない。**音がうまく拾えない。体の信号が伝わらない。人間はポンコツだからこそ、文明をつくらざるをえなかったのだ。**

人間は日常生活をひっくりかえすために戦争をする。そのことによってわれわれがいかに日常生活を憎んでいるかがわかる。

……はっはーぁ。うにゃうにゃしながら読んじゃう。そうねぇ、そうかもねぇ、と微妙な苦笑を浮かべてしまう。

岸田秀は様々な常識をすべて「それは原因と結果が逆だ」と言ってひっくり返してゆく。たとえば**セルフ・イメージは不当な欲望を正当化させるものだ**、とか、**本当は青春時代は必要ないものだ**、とか。

岸田秀の切れ味というのはちょっとやそっとのもんじゃなくて、この本を読んだら**司馬遼太郎も太宰治もディズニーも吉田松陰もすべては幻想の産物だったんだ**、と気づいて、霞の中に消えてゆく。

正常と異常は、正気と狂気は、いつだって簡単に入れ替わる。その幻想解体ショーっぷりが、読んでるうちに逆に快感となる。

岸田秀は、容赦なく言う。

《人生を狂わせるこの一言》

自己嫌悪の強い人というのは、自分の悪いところを客観的にみつめる良心的な人間であると自分では思いがちだけれども、実際には自分を客観的に見られない偽善者である。


結局、理想の自分が強くて、そうであると思い込みたくて、だから失敗や過ちが許せなくて自己嫌悪しているふりをするのだ。

自己嫌悪する人というのはつまり、**自分を安心させるために自己嫌悪しているということ。**

――私のことを言ってんのかこのやろっと顔をしかめる。でも、おもしろくて読み進めてしまう。

何かを信じられるのは幸せだろう。だけど**信じていた何かが何の変哲もない幻想でした、と魔法を解かれるのもまた、一種の快楽だ。**

幻想だと言うならどんどん言ってほしい。私のいらない魔法なんてどんどん解いてくれ。

そのあとに何が残るか、世界がどう変わるか、見てみたいから。

この本を読んだ方に おすすめする「次の本」

『ドストエフスキーと父親殺し／不気味なもの』ジークムント・フロイト（光文社）

岸田秀が精神分析の道に進むきっかけはフロイトだったそうな。フロイトがその精神分析理論を「文学」に応用して、ドストエフスキーやらギリシャ神話やらを縦横無尽に分析した本書。ギリシャ神話の「メドゥーサの首」は女性の性器のメタファー（だからみんな驚いて石になる）とか……物語がひっくり変える体験をしたい人、ぜひ。

『改訂新版 共同幻想論』
吉本隆明（KADOKAWA/角川学芸出版）

岸田秀が『ものぐさ精神分析』の中で説いた「共同幻想」の元ネタである本。国家や社会は、確固とした現実的基盤の上に立っているわけではなく、多くの人の共同幻想で成り立っている――「社会は幻想である」というこの考えがなければ『ものぐさ精神分析』も生まれなかったのだ。

『わが心のフラッシュマン』
中島梓（筑摩書房）

「文学は飢えた子どもを救えるか？」という問いに対して、岸田秀の「人間は本能の壊れた動物である」というテーゼを用いつつ答えた一冊。幻想欲＝物語は、飢えた子どもは救えないが、１日飢えを忘れてワクワク過ごさせることができる……と中島は述べている。

title : 32

『夜中の薔薇』

「言い過ぎてしまう自分」がいつも恥ずかしいあなたへ

向田邦子（講談社）初出1981

やかましい言葉 VS 美しい沈黙

名脚本家による名エッセイ。古いのに新しい、優しいのに厳しい、黙っているのに声が聴こえてくる一冊。

#名脚本家・向田邦子　#近年なかなかお目にかかれない美しい文章を読みたい人に　#昭和の名作　#男性鑑賞法も必見　#旅行記もあり　#食事も美味しそう　#突然の死のあとも読者を魅了してやまない著者最後のエッセイ集

黙ることが美しさなのだ、と教えてくれた一冊です。

たとえば誰かに何かを言いたいとき、「言い過ぎてしまう」ことって、ありませんか？

伝わっているかどうか不安で、あるいは思いついたこと全部外に出したくて、誰かに知ってほしくて、いっぱい言い過ぎてしまう。いらない言葉を付け加えてしまう。過剰。相手に伝えるためには、そんなに言葉はいらないのに。

本当は、もっと黙りたい。

いや、黙った方が美しいなぁ、と思うのです。

反して向田さんの言葉は、いつも「黙る」ことを結晶させたうえで生まれる言葉です。美しいなぁ、と思います。

黙るからこそ、何かを香らせることができる。

ここで紹介するエッセイでも、その「沈黙の技術」はふんだんに用いられています。たとえば『手袋をさがす』という文章の中の、こんな箇所。

――花を活けてみると、枝を矯めることがいかにむつかしいかよく判ります。折らないように――

細心の注意をはらい、長い時間かけて少しずつ枝の向きを直しても、ちょっと気をぬくと、そして時間がたつと、枝は、人間のおごりをあざ笑うように天然自然の枝ぶりにもどってしまうのです。よしんば、その枝ぶりが、あまり上等の美しい枝ぶりといえなくとも、人はその枝ぶりを活かして、それなりに生きてゆくほうが本当なのではないか、と思ったのです。

向田さんは、「あまり上等の枝ぶり」ではなくとも、その枝ぶりを活かしていった方が本当だ、と言います。そこには、つまりは自分本来の枝ぶりを見失っている人がいかに多いか、という言葉が潜んでいます。

やせ我慢して、自分の本当を見つめずにいい人間になったような気がして、その末に自分自身を見失う。向田さん自身はこのことを若いときの自分に当てはめていますが、おそらく、周りの人を見ていてもそう思うのでしょう——**だけど、そんなことは言いません。黙った方が、美しいから。**

向田邦子のエッセイを読むと、いつも沈黙の美しさを思い出すことができます。

言葉が過剰で、みんなも私も何かを言わなきゃって思っている。

だけど本当は違う。何かを言ったことによってじゃなくて、沈黙こそが、人生を変える。
――そう知ることができます。

黙ってにっこりと微笑んで。言葉はいらない、そんなふうになりたい。……なかなか、道のりは厳しそうですけれど（あっ、またいらん言葉を付け加えてしまった）。

この本を読んだ方に おすすめする「次の本」

『貧乏サヴァラン』 森茉莉（筑摩書房）

元祖・独身女性の生活エッセイといえば森茉莉である。向田邦子も森茉莉も、永遠に女の人の味方だ。彼女の名随筆たちの中でも食べ物について語ったこちらのエッセイは、もう、最高。チョコレエト、クリイム、ウィスキイ、ビスケット……出てくる嗜好品が美味しそうなのなんのって。紅茶を片手に楽しみたい一冊。

『御馳走帖』 内田百閒（中央公論新社）

『夜中の薔薇』とタメを張れる、昭和の美味しそうな随筆。読んでいると、列車の中でビールとおつまみを食したくなります。夜中に読まないように注意。

『巴里の空の下オムレツのにおいは流れる』 石井好子（河出書房新社）

こちらも題名からすでにお腹が減ってくる、美味しいエッセイ。古き時代のパリの暮らしと、そこで食べた美味しいご馳走。オムレツ、オニオングラタン、ホワイトソース……うう、美味しそう。昭和の外国暮らしを綴った名エッセイです。

title : 33

東京は自分の居場所だと思いたい、思えないあなたへ

『東京を生きる』

雨宮まみ（大和書房）初出 2015

街の欲望
VS
私だけの欲望

地方出身者である作者が「東京」への欲望を語る一冊。私はこれを読んで東京に住みたくなくなった。あなたはどうだろうか？

#エッセイ　#「東京」についての随想　#上京経験者必見　#お金・美・健康……様々な角度からの「東京」　#地方出身なら「わかる！」と思う箇所があるはず　#「東京の人になりたかった」というあなたにも　#繊細な文章が好きな人ぜひ　#東京に行く前に読みたい一冊

東京が怖い、と言うと笑われることがある。

おおげさな、とか、案外住んでみれば慣れるよ、とかみんな笑って言ってくれる。実際住めば都という言葉もあるし、きっと住んでみれば怖くなくなるのだろう。

東京なんてただの地名だ。そこでどんな人と関わるかは、東京という場所に依存せず、ただの私に寄るのだとも思う。

でも、私は、怖い。「東京」が。初めて東京に行ったときからずっと。

だから私は、東京に住みたくない。


――ああ、そうだ、これ、これが怖いんだ。

『東京を生きる』を読んだとき、驚いた。

この本には「東京怖い」の正体が詰まっている。そうだよ東京のこれが怖いんだよ、と心底思う。ぼんやりと歪んで見えていた東京が、この本には驚くほど文章として濃縮されていた。

『東京を生きる』は、作者の雨宮まみさんが地方から上京してきた経験をもとに東京という場所について随想を綴ったエッセイ集だ。

「お金」「欲情」「美しさ」「タクシー」「殻」「泡」「血と肉」……目次のタイトルを見るだけで

声が漏れる。雨宮さんの繊細な文章に、東京という都市の孕む欲望だったり圧力だったり幻想だったり、そういうものがあますことなくすくい取られる。

快楽と幻想と記号の世界。都市というのはいつも文学の舞台になりえるけれど、「東京」はまた一段と複雑で猥雑な場所になりつつあるらしい。

作者である雨宮まみさんは言う。

私は何かを信じたいし、信じることをやめたくなんかない。けれど、東京では私が唯一信じられる自分の欲望が、よくわからなくなる。欲しいと思って手に入れたものが、あっという間になんの魅力もない布切れやがらくたに変貌していく。越境すればものの価値など一瞬で変わる。そんなものを見つけるために途方もない時間を使い、果てしなくお金を払う。見つけて買うまでの瞬間だけは「これは運命だ」と思うことができる。

私は、何のサイコロを転がしているのだろうか？

私にはこの感覚が死ぬほどわかる。**東京の何に怯えるって、「欲望喚起システム」が強すぎること**である。

ジラールの欲望の三角形で言うところの「他者の欲望」ってやつである。

私は本当はそれが欲しいと思っていないのに、誰かが、それを持ってないと、って煽る。

ほらこんなに素敵なものがあるよ、こんなに楽しいよ美しいよ素晴らしいよ！

そんなふうに笑顔で言われると、じゃあまぁ欲しがっとくか、と思ってしまう。私はそれが怖い。

経済が回るのはいいことだと思う一方で、自分が本当は欲しくなかったものを欲しいなんて言いたくはない。時間も資産も有限だ。

なのにそれを東京は許してくれない。

あれもこれも欲しいでしょう？　って、電車のつり革すら絶え間なく訴えてくる。知らんがな、という感じである。――そんな煽りなんて気にしなきゃいいじゃん、と言われそうだが、その「知らんがな」の輪郭がぼやけてくるから怖いのだ、東京は。

だけど、雨宮まみさんは、その欲望喚起システムに、自ら乗っかっていく。

読んでいて驚く――その欲望に乗っかることが、むしろ雨宮さんなりの「東京」の生き方になっているから。

「幻想を見る以上に楽しいことが、この世にどれだけあるのだろうか」

雨宮さんは言い切る。

《人生を狂わせるこの一言》

ほんとうに満たされることを、もしかしたら自分は知らないのかもしれない、知らないからこんなに求めてしまうのかもしれない、と不安になる。

それで満たされることを知ることが、この世でほんとうの贅沢を知ることのように思えてくる。それを知っている人間だけが、貴族のような階級にいて、自分はそこには行けないのではないかと思う。

(中略)

自分の知らない深淵が、そこにあるのだと感じる。私なんかの知らない、深い深い快楽の世界が。

そんなもの幻だと、絶対に手にはいらないものだと、思いきれたらどんなに楽だろうか。でも、東京ではそれはいつも目の前にある。（中略）どこかに私の知らない、深い深い快感がある。それに向かってどのように手を伸ばせばいいのか、私にはまだわからない。でも、きっと、最初はどこかのカウンターで、誰かの手に向かって、手を伸ばすのだろう。

東京の怖さの正体。それは結局、**自分というものが溶けてなくなってしまうのが怖い、というだけ**なのだと思う。

満員電車で人との距離を取りたがったり、他人に欲望喚起されるのを嫌がったり、人がずらっと並ぶところに行きたくなくなったり、そういう「他人との境目」がなくなってゆくことに怯える。

しかし「東京を生きる」雨宮さんは、それに怯えない。むしろもっと他人を取り込もうとする。その欲望をずっと満たしている他人を追いかけようとする。それができる場所に愛着を覚えている。

この本を読んで、思う。――**ああ、私にとって怯えの対象であるところの「東京」を、む**

しろ望んで、ちゃんと生きている人がいるんだなぁ、って。

それを気にしないんじゃなくて、鈍感になっているわけじゃなくて、それを**自覚したうえで欲望して、その末に東京でちゃんと生きている人がいるんだ。**

東京に行きたいと願ったり行きたくないと願ったり、そういう人の差はほんのわずかだ。

私だってこの本を読まなければ「まぁ、ゆーて大丈夫やろ」と言って東京に住んでいたのかもしれない。……ここまではっきり自分の怯える対象を描かれちゃ、さすがに行く気も失せてしまったけれど。

逆に、今東京に住んでいて、そこを自分の街だと思えない人がこの本を読んだとしたら——どう思うんだろう？　東京にいる理由を、肯定できるんだろうか？

たとえば深夜のタクシーから見える疲れきった東京の景色。

たとえば健康は食事をまずくする、と言いつつ深夜に食べてしまうあんぱんの味。

たとえば驚くほどに整えられた女性のピンヒールの踵。

雨宮さんの視界から見える「東京」のありったけのにおいが、エッセイに充満する。

東京という都市はやっぱりどこか強烈なにおいを放っていて、それをいいにおいだと思うかいやなにおいだと思うかで、人生は簡単に変わる。

この本みたいに、そのにおいを文章に封じ込められていると、東京へ行くまでもなく、私たちは人生を変えられてしまう。どうしようもなく、鮮やかに。

この本を読んだ方におすすめする「次の本」

『錯乱のニューヨーク』
レム・コールハース（筑摩書房）

「東京」よりもさらに世界中の欲望を詰め込んだ都市、それは「ニューヨーク」。建築家の著者が「マンハッタンの成り立ち」を暴いた、都市論の名著。建築について素人の私が読んでもめちゃくちゃスリリング。畢竟、都市というのは、人々の欲望を食べて脂肪を溜め込んでゆくイキモノなのだ。東京を見る目も変わる一冊。

『荷風随筆集 上 日和下駄』
永井荷風（岩波書店）

打って変わってこちらは「むかしの東京」を読む一冊。明治大正昭和と変わってゆく江戸の町を歩いた荷風によるエッセイ集。どうして移りゆく町並みというのはいつの時代も切ないないんだろう。「ブラタモリ」が好きな方もぜひ。

『イケズの構造』　入江敦彦（新潮社）

さらに打って変わってこちらは「京都」を知る一冊。まことしやかにささやかれる「ぶぶ漬け神話」は本当のことなのか？　イケズを交えずに話すことはできない京都人。その裏と表はどうなっているのか？東京の人や京都以外の土地の人は、どうぞこの本を読んでから京都へ来ておくれやす。

title: 34

詩の世界に触れてみたいって思いはじめたあなたへ

『すてきなひとりぼっち』

谷川俊太郎（童話屋）初出2008

ひとりは
さびしい
VS
けど、すてき

誰もが知る詩人・谷川俊太郎の誰も知らないベスト・アルバム詩集。私たちがふだん使っている言葉と同じ言葉なのに、どうしてこんなふうに扱えるのだろう。

詩集　# 教科書にも載ってた「朝のリレー」など所収　# 谷川俊太郎の詩の中から選りすぐった一冊　# 詩初心者の人におすすめ　# 詩に興味のない人にもおすすめ　# 装丁もコンパクトサイズでかわいい　# 童話屋という出版社もおもしろい　# ぼんやり何か言葉を読みたいときに

て、天才か、と思うのは、実は小説家に対してよりも詩人に対しての方が多い。

Giftという単語には「才能」という意味があると知ったとき、しっくりくるものがあった。神様から贈られた才能。――天才だと思う人々に対して、そんなふうに感じることがよくある。谷川俊太郎という詩人を見るとき、私はいつも「神様から愛された」という形容詞をつけたくなる。言葉の神様に愛された人っているんだなぁ。そうしみじみ思う。

『すてきなひとりぼっち』は、谷川俊太郎の詩集である。

アーティストで言うところの「ベスト盤」のように、どれもこれも神様に愛された言葉ばかりが並んでいて、読んでいてくらくらする。すべてがすべて名曲ってどゆこと。そう言いたくなる（※曲ではないですが）。

谷川俊太郎の詩は、現代日本語という大きな世界に対してどこまでもフロンティアを見出しているように見える。

言葉の世界は別に丸くない。未開拓、新天地、フロンティアはどこまでも見出していける。

この詩集に載る**言葉一つひとつは私たちがよく使うもの**であって、一見どうということもない言葉たちだ。

なのに谷川俊太郎の手にかかると、**ひゅるっとその軽さがありえないほど軽くなったり、逆に重く深くなったり、**とにかくびっくりするくらい姿を変える。

言葉は使い方によって体重が変わるのだ、と知ったのはこの人の詩を読んでからのことだった。

朝

また朝が来てぼくは生きていた
夜の間の夢をすっかり忘れてぼくは見た
柿の木の裸の枝が風にゆれ
首輪のない犬が陽だまりに寝そべっているのを

百年前ぼくはここにいなかった
百年後ぼくはここにいないだろう
あたり前な所のようでいて
地上はきっと思いがけない場所なんだ

いつだったか子宮の中で
ぼくは小さな小さな卵だった
それから小さな小さな魚になって
それから小さな小さな鳥になって

それからやっとぼくは人間になった
十ヶ月を何千億年もかかって生きて
そんなこともぼくら復習しなきゃ
今まで予習ばっかりしすぎたから

今朝一滴の水のすきとおった冷たさが
ぼくに人間とは何かを教える
魚たちと鳥たちとそして
ぼくを殺すかもしれぬけものとすら
その水をわかちあいたい

やー……、なんていうか名作だ。

こういう言葉たちを目の前にすると、私なぞ何も蛇足することないわ、とパソコンを閉じたくなる。載せるだけで十分じゃないか。はい名作ですよね、解散！

というわけにもいかない。残念。

しっかし「今朝一滴の水の」と来て「すきとおった」「冷たさ」という言葉を続けられる人っているだろうか。続けてそこへ人間の「ぼく」をことんと置いてから、魚や鳥がやって来て、極めつけが「ぼくを殺すかもしれぬけものとすら」とうたう。ここまで一気に**「飛べる」詩人**ってほかにいない。これだから谷川俊太郎は天才だ。

詩を読むと、ふだん見えないところまで見通せるようになる。

言葉はどこまでも飛んでゆけるし、潜ってゆける。

想像力とはこういうものか、と思う。

谷川俊太郎の言葉はあなたが**「ひとりぼっち」であるときのお守り**にもなるし、**逆にあなたを「ひとりぼっち」にする**かもしれない。なぜなら詩を味わうことはひとりでしかできないし、詩を味わうことによって誰もいない場所に連れていかれることがあるから。

だけどひとりだっていいじゃない。こんなに「すてき」な詩に触れられるんだったら。

そんなふうに思わせるから、谷川俊太郎の詩はすごいのだ。

この本を読んだ方に おすすめする「次の本」

『ひとり暮らし』　谷川俊太郎（新潮社）

「すてきなひとりぼっち」で暮らす日々を綴ったエッセイ。60代という年齢だからこそ書ける、ゆるやかだけど洗練された日常。個人的に『すてきなひとりぼっち』の随筆バージョンだと思っている一冊。

『女に―谷川俊太郎詩集』 谷川俊太郎（マガジンハウス）

谷川俊太郎の詩に、妻である佐野洋子（『100万回生きたねこ』を描いた方です）が挿絵をつけて完成した一冊。ある女性が生まれて、「私」と出会って、そして別れるところまでを詩ですべて表現するという……そんでそれに奥さんが挿絵をつけるという……「ひゃあ～」と思わず声をあげたくなる詩集。「すてきなひとりぼっち」のあとに読みたい、ひとりだけどひとりじゃない人の詩。

『海潮音―上田敏訳詩集』 上田敏（新潮社）

もっと詩に触れたくなった人におすすめ。明治時代の言葉でヨーロッパの名詩たちを訳した、言語センス溢れる一冊。ぱらぱらめくるだけで素敵な言葉に出会えるおトクな詩集。

title: 35

日本語のおもしろさを知りたいあなたへ

『チョコレート語訳 みだれ髪』

俵万智、与謝野晶子（河出書房新社）初出 1998

言葉は誤解なく
伝わればそれでよろしい

VS

言葉には手触り
ってものがあるのよ

明治時代の与謝野晶子の歌を、俵万智が現代語訳！ 明日から自分の口からこぼれる言葉を大切に選びたくなる一冊。

明治時代の歌集を俵万智が現代語訳 # 五七五七七の形式を崩さない現代語訳すごい！ # 歌人・与謝野晶子の処女作 # 晶子と鉄幹の恋情とスキャンダルが背景 # 短歌に興味ない人でもおもしろい歌集 # 古典の勉強にもなる # 乙女心をくすぐられたいときに読みたい一冊

日本語ってすごいよなぁ。――母語であることを忘れ、他人事のようにそう思う瞬間がある。

たとえば、こんな言葉を読んだとき。

みだれ髪を京の島田にかへし朝ふしてゐませの君ゆりおこす
朝シャンにブローした髪を見せたくて寝ぼけまなこの君ゆりおこす

ひとつ目が与謝野晶子の歌、ふたつ目が俵万智訳である。

『みだれ髪　チョコレート語訳』という本は、与謝野晶子の『みだれ髪』に載る歌と、それを俵万智が訳した「チョコレート語訳」バージョンを載せる、という構成で成り立っている。

このチョコレート語訳というのがとても素敵で、**ちゃんと五七五七七のリズムを崩さずに、それでいて現代語訳として読んで楽しい表現**になっているのだ。

たとえば、さっき載せたふたつの短歌を読んでほしい。

「みだれ髪を京の島田にかへし朝」……この言葉だけを読むと、島田って未婚の女の人に流行ってた髪型だったよねたしか、とか、この歌集のタイトルってこの歌から来てんのかな、とか、ぼんやり頭の中で注釈をつけてしまう。

だけど、俵万智の魔法によって**「朝シャンにブローした髪を見せたくて」**と鮮やかに現代語訳されると……与謝野晶子自身の風景から、私たちの実感にぐっと迫った風景に近づいてくる。

朝の風景。それもたぶん初めてその人と過ごした夜が明けた朝。きれいに髪をセットできたらそれだけで嬉しいのが乙女心ってものだけど、そこにまだ寝たままの相手がいるなら、なおさら。

「ふしてゐませの君」を「寝ぼけまなこの君」と訳しているのも、いい。

この本を読むと、**短歌や歌というのは本来、こういう、何気ない瞬間の実感をぎゅぎゅっと縮こめたものなんだよなぁ、**と思い出させてくれる。

ゆあみして泉を出でしやははだにふるるはつらき人の世のきぬ
湯上がりの乙女の肌を覆うのは世間という名のつらき洋服

与謝野晶子の時代に使っていた言葉も美しくて素晴らしいけれど、**俵万智の一級品の言語センスで、**こうして**今私たちが使っている言葉にきゅっとラッピングし直されると、**ただの現代語訳に留まらないその「訳」は言葉そのもののおもしろさ楽しさを伝えてくる。

しのび足に君を追ひゆく薄月夜右のたもとの文がらおもき
そっとそっと君についてく月の夜　重たいほどの手紙抱えて

そして、そっか、**言葉って選択可能なんだ、**って気づく。

たとえば「しのび足に君を追いゆく」を、「気づかれず君を追いかけ」と訳したって「そっと君についてく」と訳したっていい。きっと伝わる情報としては似たようなものだ。

だけど「気づかれず」と「そっとそっと」では、言葉の響きのようなものが、違う。そっと、というときにだけ響く語感のひそやかさがある。

八つ口をむらさき緒もて我れとめじひかばあたへむ三尺の袖
ペアルックなんか着ないわ新しい服をくれるという人が彼

言葉というのは単に情報を伝達するだけのものではなく、その語り口や選択によって、手触りや響きや柔らかさが違ってくる。

その微妙な差異にきわめて自覚的なのが、五七五七七という枠が決められている中で「ど

うやって言葉を使おうか」と考えている、歌人という人々なんだと思う。

だからこそ、短歌を読むと、同じことを伝えるにもいろんな言葉の使い方があって、それをゆるしてくれる言葉というものの懐の広さを知る。――そしてその広い懐から、ひとつだけ「ここで発する言葉」を選ぶ、という、私たちがふだん何気なく使っている**言葉というふるまいの愛おしさを知るのだ。**

その子二十（はたち）櫛にながるる黒髪のおごりの春のうつくしきかな
二十歳とはロングヘアーをなびかせて畏れを知らぬ春のヴィーナス

この本を読んだ方に
おすすめする「次の本」

『あなたと読む恋の歌百首』
俵万智（文藝春秋）

「みだれ髪」で短歌に興味を持った人におすすめした一冊。俵万智が恋愛の名短歌を百首解説してくれる。読みやすく、パラパラめくるだけでも楽しい。短歌入門にも最適。

『チョコレート革命』
俵万智（河出書房新社）

や、やばい、と思わず呟いてしまう歌集。『みだれ髪』と同じく「不倫の歌」が多く、生々しくもハッとさせられる恋の歌だらけ。「焼き肉とグラタンが好きという少女よ私はあなたのお父さんが好き」「優等生と呼ばれて長き年月をかっとばしたき一球がくる」……ね、やばくないですか。

『山川登美子歌集』
山川登美子（岩波書店）

『みだれ髪〜』と合わせて読むとめっちゃおもしろい一冊。というのも「白百合の君」と呼ばれた登美子もまた、晶子と同じように歌の師匠である鉄幹に恋をしていて、その想いを歌に詠んでいるから……。晶子と違って病弱で儚い幸薄系女子・登美子。あなたは晶子と登美子どちらの歌がお好み？

title : 36

日本の神話をいつか読んでみたいと思っていたあなたへ

『ぼおるぺん古事記』

こうの史代（平凡社）初出2012

日本の神話って
いまいちよく分からん。
VS
日本の神話ってマンガだと
こんなに面白いの!?

原文そのままなのに古事記が理解できちゃう!?
日本で今いちばんすごい漫画！　ぶっ飛んで
キャラ立ちまくりな神様たちの物語です。

#「古事記」を漫画化　#日本の神話　#天地創生　#国生み　#黄泉の国　#天の岩戸　#ヤマタノオロチ　#イザナキ　#イザナミ　#アマテラス　#スサノオ　#映画「この世界の片隅で」原作者　#日本漫画界に残る傑作認定（勝手に）　#文字はすべて古事記の「原文」なんですよ　#一家に一冊置きたい漫画

この本を初めて手に取ったときは、それはもうもうもう、ぶったまげました。

「こんなの、見たことない」。

天才なの？？？　ねえ、天才なの？？？？？？　し、信じらんねぇぇ〜〜〜〜〜。

なんなのこの本。何がどうしてコンナこと可能なの。Ｈｏｗ。喉からグエッと蟾蜍《ひきがえる》みたいに変な声が出そうになりました。

はいこの『ぼおるぺん古事記』という本は、ですね。いいですか。耳をかっぽじって聞いてくださいませよ。

『古事記』をですね、ボールペンひとつで、漫画にしてるんですよ、しかも台詞文字すべて原文ママで！！！！！！！！

……え？　それの何がすごいのかわからない？

こ、この未熟者っ。ばしっ（頬を叩いた音）。このすごさが伝わらないうちは、今日はあなたを帰しませんよ！

や、待って、そんな膨れっ面しないでください。暴力はよろしくないですね。スミマセン。

穏当に話を続けましょう。

……いいですか、『古事記』は日本の神話の本です。そうそう、ギリシャ神話とか北欧神話とか、あーいうやつと同じく。

日本に住む人々がまだ西暦700年代を過ごしていた頃、生み出された「神話」の本なんですね（うーん説明がざっくりしすぎていますが、まぁ詳細は専門書にお任せします）。

ちなみに神様の話と、地上の天皇のお話が続いているのが特徴的。同じ神代から綴る歴史書でも、『日本書紀』に比べて『古事記』の方が物語性強し、と言われています。

神様？　うーん、スサノオノミコトとか、アマテラスオオミカミとか、聞いたことがありますかね？　ない？　そんなあなたはぜひこの『ぼおるぺん古事記（1）～（3）』を読もう！

でね、この『古事記』。原文は、ぜんぶ、漢字で書かれているんですよ。

「臣安萬侶言。夫、混元既凝、氣象未效、無名無爲、誰知其形。然、乾坤初分、參神作造化之首、陰陽斯開、二靈爲群品之祖。」

……読めます？　なかなか難しいですね。ちなみに『古事記』のはじまりの文章です。現代語訳すると、

「わたくし安萬侶（やすまろ）は、謹んで申し上げます。

さて、宇宙が始まった頃、間もなく混沌が固まりはじめのもとができたのですが、天地の営みはまだ始まりませんでした。そこにはまだ名前も行為も存在せず、形を知る者はおりません。それから、天地が初めて別々になって、3柱の神がすべてをつくる最初の神となり、陰陽に切り分けられ（男女の両性がはっきりして）、2体の霊が諸物の祖となりました」

ってなところでしょうか（これも詳しい訳を知りたい方は専門書をあたりましょう）。

しかし、現代語訳してもいいんだけど、いんだけど、なーんとなーく**「原文ならではのニュアンス」というものが消えちゃう**んですよ。

だってさぁ「混元既凝」とかさ、「混沌が固まりはじめのもとができた」になると、妙にださくないか。いやひとえに私の言語センスの至らなさゆえなんですけど、でも、「混元既凝」としか言えない何かがそこにあるんですわ！　それを現代語訳すると原文にしかない仄《ほの》かにかおってくる何かが消えちゃうんですわ！

だけど原文ですらすら読めるようになるには、すこしばかり時間がかかる。

だからこそ、ちょっとでもいい現代語訳を探すしかない。

古典作品を現代語訳で読んだり、誰かに薦めたりすることは、そこのジレンマとの闘いと言っても過言ではないわけです。

……なのにっ！　ここに来ての、『ぼおるぺん古事記』ですよ！　ばしばし!!

そうか！　**日本には「漫画」という、世界に誇る「デフォルメされた絵と文章」で構成された物語表現があるじゃないか！**

その手があったか、って。

この『ぼおるぺん古事記』の台詞や文章はすべて、「原文」の書き下し文。漢字ばっかりのやつ。現代語訳、一切、使っていないんです。でも、こうの史代さんの素晴らしくておもしろい漫画によって、**「絵」だけで、文を読まずともそこで何が起こっているのかわかる**んです。

こうの史代さんは、あとがきで、こう言います。

「漫画になるのを待っている！と感じました。だって、漫画にはサイレントという絵のみで展開させる手法があるのです。文字を使わず意味を伝えられるのだから、古文が付いたからといって読めなくなる筈がないのです」

……なんていう発想。天才か。

神様のキャラクターデザインも素敵すぎるんですよ。キャラ、立ちすぎ。**「ツクヨミ」は月の顔をしているし、「石長姫」はモアイみたいな石の顔をしている。**だから長い名前の神様もすぐ覚えちゃう。

そんな神様たちが漫画の中で、おかしくかわいく動き出すんです。

神様たちが、冒険の旅に出る。恋をする。喧嘩する。別れてゆく。そしてまた誰かが生まれていく。

彼らの姿がビジュアルで見えて、漫画としておもしろく読めるからこそ、『古事記』はおもしろおかしく跳ねまくる物語として、私たちの前に立ち上がってくるんですね。

難しい神話なんかじゃなくて、世にもおかしい、ただの「物語」として。

すると、あら不思議。

漫画を読んでいるうちにそこに書かれている原文もなんとなく読めるようになってくるんですね！　すごい！（……なんかテレフォンショッピングのよーな流れですがマジですごいんです）。

本当ですよっ。**こうの史代さんの漫画手法の手にかかれば、あなたも古事記が読めるようになる。**漫画って「誰がどの発言をしてるか」がすぐにわかるから、原文も読みやすいんです。

いや～～～～漫画すごいわ。ていうかこうの史代さんがすごいんだわ（こうのさんの漫画はどれもほんとにおすすめです）。

この漫画を読めば、絵を見ているだけで、神様がみーんなかわいく見えてくる。古事記という物語の愛おしさが伝わってくる。

現代語訳一切ないのに。『古事記』の物語そのまんまなのに。何も省略や差し替えやしていないのに。すごい。

絶対、あなたの「古事記観」が変わります。

――この世にはいろんな物語があって本があって絵があって漫画もあるわけですが、こういうふうに、「傑作」に出会える瞬間がいちばん嬉しくなってしまいますね。

きっとあなたが今まで出会ったことのない物語。……ちょっとは、このすごさが伝わってくれましたかね!?

この本を読んだ方に
おすすめする「次の本」

『百人一首ノート』　今日マチ子（KADOKAWA/メディアファクトリー）

百人一首それぞれを一枚の台詞ナシの漫画にして表現した一冊。今日マチ子さんによる百枚の漫画が私たちを和歌ワールドへいざなう。「百人一首、ちょっととっつきにくいけどわかりたいな〜」という方におすすめ。今日マチ了さんの絵はどれも最高。

『白鳥異伝』　荻原規子（徳間書店）

古事記にも登場するヤマトタケル伝説を題材にした古代ファンタジー。めっちゃおもしろい物語！　本当に！『ぼおるぺん古事記』を読んで古事記を知ったあとに読むとさらにおもしろいのでおすすめしたい。

『紫苑物語』　石川淳（講談社）

こうの史代さんの漫画家としての熟練っぷりは、なぜかいつも石川淳の洗練された文体を彷彿とさせる。というわけでこうの史代ファンの方は、石川淳の小説の中でいちばんの傑作だと思っている『紫苑物語』をどうぞ。柔らかいのに迫力があって熟練していて、私が日本の小説の中でいちばん好きな文章です。

title : 37

今まで読んだことのない漫画を読んでみたいあなたへ

『百日紅』

杉浦日向子（筑摩書房）初出 1985

どや顔 VS さりげなさ

浮世絵風の絵に注目。江戸の街を舞台に、幻想と日常をうつしだす美しさの価値観が変わる一冊。

漫画　# 江戸時代が舞台　# 浮世絵風の絵に注目　# 葛飾北斎とその家族が主人公　# アニメ映画化　# 声の主演は杏ちゃん　# 上下巻なのですぐ読める　# 杉浦日向子は天才　# 江戸時代を舞台にした漫画や小説は多くあれどこんな作品は見たことない

さりげなさ、って絶滅危惧種になってませんか。

ねぇっ、そこのお姉さんっ。思いません？　ちょっとインスタにアップする前に聞いてくれ。ただの絡み酒だけどっ。

「さりげなく」……然りげ無く。どうとでもないように、なんでもないように。すこしだけほほえみを傾けて、なんでもなかったように去ってゆく感じ。

それなのに最近は（絡み酒の常套句ですね）、何かいいことや素晴らしいことがあったらSNSにアップしてさ、あるいはLINEで報告して、**「さりげなく」嬉しいことや「さりげない」やさしさは、個人のネタとして消費されていってしまう。**

もちろん私もそのひとり。ネットの海に流した瞬間にそれは「どうとでもないこと」なんかじゃなくなる。

人生を楽しく生きるにはある種の躁的なテンションも必要で、本来さりげなく吹いてきた風みたいなものを大仰に「むっちゃきもちいい！」と騒いで楽しむことが、自分は幸せだ、という意識につながっていたりする。だから別にいい、さりげなくなくたって。

だけどそのたび、さりげないことがどんどんさりげなくなくなってゆく。

コレ、世間でさりげないが絶滅危惧種なんじゃなくて、単に私の中で絶滅しつつあるっていうだけですね。うーむ、すいませんでした。お姉さんを解放しよう。

でもね、もう戻れない「さりげなさ」に、憧れるときもある。

そういうとき、私は杉浦日向子を読む。幽霊も心中もエロも妖怪も女も、ぜんぶ「さりげなく」過ぎ去っていた頃を思い出すみたいに。

杉浦日向子は江戸時代を描く漫画家でもあり、江戸時代の風俗研究家でもあった。

彼女の書く江戸エッセイはほんっと～におもしろいから一度読んでみてほしい。江戸時代というと、「江戸しぐさ」なんて言葉が流行ったみたいに、粋で美しくて日本がまだ西洋化されてなくて……なんていい言葉ばかりがまとわりつくけれど、杉浦日向子の書く「江戸」を読むと、**ぴったりした等身大のサイズの江戸がわかる。**

ダメなやつもいっぱいいいて、汚くてさわがしくて、だけどおかしくて小粋な江戸の町。人々がどんなふうに大変で、どんなふうに恋をして、死ぬことをどう受け止めていたのか。

文化なんていうと大仰だけど、その人々の一日の暮らしがわかると途端にむかしの時代と私たちの距離が縮まる。杉浦日向子のエッセイはその距離をわかりやすくおもしろく縮めてくれる。

だけど彼女の最高傑作は、やっぱり漫画だ。

これが何より、もう、絶品。冒頭でも言ったように、すべてがきちんと「さりげない」。

そりゃそうだ。日々大騒ぎしていては暮らしを営めない。

たとえ夜の川原で心中する男女がいても、絵から幽霊が飛び出しても、妖怪が出ても怨霊が出ても、明日はまた起きてごはんを食べなくてはいけない。

江戸時代の町の人々は、すべてをさりげなく受け止めて、そしてまた日常の朝を迎える。淡々としているのではない、その奥底には物凄いものがあっても、ぜんぶ「さりげなく」受け流すのが、江戸時代そして杉浦日向子のいわゆる「粋」だ。


この『百日紅』は、江戸時代の絵師・葛飾北斎と、その娘・お栄を中心に、江戸の風景を描く。**漫画として、浮世絵が下地になっている画風**なのもおもしろい。

ふつうの漫画とは違った表現がぼこぼこと飛び出していて、だけどそれは「いかにもすごい表現技法ですよ!!」と主張するのでもない。さらりと、「ここはこの絵でしかありえないでしょ?」と微笑むようにすべての絵が描かれている。天才の円熟、という言葉がぴったりだ（たしか杉浦日向子はこれを描いたときまだ20代だったような気がするのだが……）。

『百日紅』は連載ものなのだけれど、いろんな人が出てくるため短編連作集のようになっている。全話の中でいちばん好きなのは「心中屋」という話。

とある朝。娘が血まみれの死体になって見つかる。

残されたのは両親への手紙のみ。ああ、心中したのだろうか。

「ばかな子だよ……」とおいおい泣く両親のもと、ふと、血まみれの娘がむっくりと起き上がる。

「……？　あ……おっかさん……」

己は心中したはずの娘自身もぼーっとわけがわかっていないこの事態。

――なんとまぁ、最近江戸の町では、死ぬつもりでふらふら歩いている娘に「一両で心中に付き合ってやる」と声をかける男がいるという。ひとりで死ぬよりも、とその娘は一両で「心中」を買ったつもりが、朝になれば血糊がついた自分に気がつき、男は消え去っている……。

なんて商売が流行ったもんだと笑うが、巷では血糊を大量に吹き飛ばす芝居まで流行っている。

そんな折、ある女が、橋の上からじっと川を覗き込んでいる。

「一緒に行ってくれる……？」

川の向こうを指さし、通りがかりの男に女は言う……。

と、こっから先は漫画で読んでくださーい。ハイ。

心中、というこの世でもっとも大仰なテーマが、こんなふうにぞわりと迫ってさて、それでいてすこし微笑みが見えるくらいの距離感で描かれる物語を私はほかに知らない。

あくまでこれは漫画という幻の世界でのことですよ、と杉浦日向子が軽く言っている声が聞こえる。だけど、だからこそ読者はぞわりと息を呑む。さりげないからこそ、それはドキリとさせる色気に変わる。

夢と現し世の境目がわからなくなる。絵から飛び出てくる現実。あるいは絵に飲み込まれる現実。芝居や浮世絵や俳句——江戸の幻と現実の境目はいつもあわいに浸っている。

もう、本当に、この淡さがさりげなくて、美しい。

「ほら！　これきれいでしょ」とか「ほら〜怖いでしょ〜」って騒ぐ作者の顔が見えない。

ただそこにあるものを映しているだけ。逆にどや顔している色気なんて、本当はちっとも色っぽくない。——ねえそこのお姉さん、この感じわかります？

この本を読んだ方に
おすすめする「次の本」

『蝉しぐれ』　藤沢周平（文藝春秋）

時代小説の鉄板。爽やかでさりげない。たとえるなら8月31日のカルピスって感じ(どんなだよ)。『百日紅』に描かれているかすかな切なさと『蝉しぐれ』のほろ苦さはどこか近いものを感じる。どちらも日本に住んでいるなら一度は読みたい名作。

『河鍋暁斎戯画集』
河鍋暁斎（岩波書店）

北斎と同じく江戸時代を生きた画家・河鍋暁斎の絵を集めた本。挿絵やら戯画やら、今の日本のマンガのルーツがあって感動する。ていうかその絵のユーモアセンスにげらげら笑う（ここでお見せできなくて残念!)。

『茶箱広重』　一ノ関圭（小学館）

『百日紅』と同じく傑作江戸時代漫画。「東海道五十三次」の広重が亡くなったあとの江戸には、「茶箱広重」と呼ばれた幻の浮世絵師・二代目広重がいた……。この人といい杉浦日向子といい、なぜ江戸モノの漫画家には天才が多いのか。

title : 38

大人になってから恋を「してしまった」あなたへ

『窮鼠はチーズの夢を見る』『俎上の鯉は二度跳ねる』

水城せとな（小学館）初出2006

恋はめんどくさい
からしたくない
vs
でもやっぱり
恋してしまう

ふだんBLや少女漫画を読まない人にもおすすめしたい。Amazonの口コミ評価が異様に高く熱量がすごいので、ぜひご覧くださいませ（笑）

#少女漫画　#上下二巻　#アダルト・ラブ　#ボーイズラブ要素あり　#でもBL好きじゃなくてもおもしろい　#不倫　#浮気　#恋愛って何？を考えたいときに　#代表作は『失恋ショコラティエ』

片思いの定義って、**「相手から何ももらえないこと」**じゃなくて**「相手に何もあげられないって感じること」**だと思うんですよね。

……のっけから乙女発言でスミマセン。笑ってやってください。しゃーないじゃないですかっ、今回紹介するのは思いっきり少女漫画なんだものー!!!

水城せとな先生の『窮鼠はチーズの夢を見る』そして『俎上の鯉は二度跳ねる』。二巻でひとつの物語を完結させているこの作品は、俗に言うアレです、**「ボーイズラブ」ってやつ**なんです。

だがしかし。読んでみると、この作品、ほんっとに名作で……名作で名作で名作で……。正直、ボーイズラブなどまったく興味のないお方にも、ていうか男性女性老若男女問わずあらゆる方々に読んでほしい傑作漫画なんです!!!

主人公は、奥さんと離婚危機真っ最中のサラリーマン・恭一。優柔不断で流されやすい性格から不倫をしてしまい、奥さんが浮気調査探偵として雇ったのは、恭一の大学時代の後輩・今ヶ瀬。「浮気を奥さんに伝えない」ことを条件に、今ヶ瀬は恭一に迫ってきて……。

と、ここまで言えばわかるように、**この後輩くんが主人公・恭一（※もともと男性が好きで**

はなかった）にグイグイ迫って押し倒す（笑）お話なんですね。そして流されるままに、後輩の今ヶ瀬が「好き」と言ってくるのを受け入れてしまう。同棲始めるんですよ、このおふたり。だけど離婚した恭一を狙う女の人も出てくるし、今ヶ瀬は「恭一先輩にとっての幸せは自分がいないことなんじゃ……」って悶々と考えちゃうし、超・絶めんどくさい恋愛模様がそこには待ち受けているわけです。

いやー相手が男だろうと女だろうと恋愛のめんどくささは変わらんな。とか思いながらも、読者である私たちは考えるんです。**「ここまでして、この人たちを駆り立てる『恋愛』って、いったい、何？」**……と。

恋愛って、何なんでしょうね。

人を好きになって、その人にも自分を好きになってほしいと思うこと。それが叶ったり叶わなかったりすること。叶ってからがもっと大変だったりすること。好きっていう感情はさくっと消えてしまうこと。でもそれはふたり同時なんかじゃないこと。当たり前だけど相手や自分を傷つけてしまうこと。

この物語は、今ヶ瀬の「片思い」から始まります。大学時代からずっと先輩のことが好きで、忘れようとしたけど、忘れられなかった。だけど偶然恭一に再会して……今ヶ瀬は恭一の家でせっせと家事したりなんだりしていく。恭一に尽くし続ける。

このはじまりを見ると、やっぱり恋愛って立場の「上下」から始まるんだよなー、って思わざるをえないんですよ。

どうしたって**「惚れた者負け」**。

あなたのことが好きですって叫んだ瞬間に、それはあなたに負けましたって敗北宣言をしているも同じ。

だけどね、紆余曲折あって、物語の終盤で、ある女の子が恭一にこう言うんです。

《人生を狂わせるこの一言》

「恭一さんの　片思いなんですね…」

これ、別に今ヶ瀬が恭一以外の男を好きになった、とかそういう話じゃないんですよ。今ヶ瀬は相変わらず恭一のことすっごい好きなんです。でも、恭一から今ヶ瀬に対する恋情は、「片思いなんですね」って言われるんです。

……なんでだと思います？

なんででしょうね。ぜひ漫画を読んでみてくださいね。

この漫画を読むかぎり、**恋愛って結局「片思いを引き受けること」なのかな、**と思わされます。相手が自分のことを好きかわからない。自分との関係が相手のためになるかどうか本当にわからない。相手に自分があげられるものなんて、これっぽっちもないのかもしれない。そして結局、自分の方がたくさんのものをもらってしまう。こっちは相手に何をあげられているのかわからないのに。そういう「片想い」。

でも結局「両想い」だって、本当は相手に何をあげられるかなんてわかっちゃいないんです。人間、相手が何を考えて何を感じてどう幸せなのかなんて、最後までわからないんだから。だから腹くくって、「それでも好きだから、あなたと一緒にいたい」って言うしかないんでしょうね。

せ、切ねぇ〜〜〜。とにかく切ない漫画なんですよ、この作品……。わーん。

恋愛を筆頭に、人と関わることは超絶めんどくさいけれど、めんどうはめんどうなりに、楽しさがあって美しさがあって汚さがあるんですよね。そして誰かを最終的に引き受けたり引き受けなかったりするんでしょう。

『窮鼠はチーズの夢を見る』を読むと、「みんなこうやって誰かと関わりながら生きてんだなぁ」としみじみ感じ入ります。傑作です。

恋をしている人もそうでない人も、ぜひ読んでみてくださいねっ。

この本を読んだ方におすすめする「次の本」

『GUNSLINGER GIRL1 ～ 15』
相田裕（メディアワークス）

水城先生がファンだと公言している少年漫画。ただのアクション漫画かと思いきや、「恋愛って結局どっちが上か下かって話なんだよな……」と思わせられる恋愛漫画でもあります。超絶おもしろいので老若男女問わずどうぞ !!

『日出処の天子 1 ～ 11』
山岸涼子（白泉社）

「聖徳太子が同性愛者だった」という設定から繰り広げられる、世界でいちばん深い少女漫画（勝手に）。「漫画で同性愛の傑作」と言われれば、これを挙げざるをえない……。仏教思想も織り交ぜつつ、主人公の孤独が忘れられない作品。いいから読んで !!!!

『放課後保健室 1 ～ 10』
水城せとな（秋田書店）

水城先生の隠れた傑作。性別を超えて「生きてくって大変ね！」を表現した、お見事な漫画。アメリカのヤングアダルト図書館サービス協会から「ティーン世代に向けた 2008 年のお薦めグラフィック・ノベル」ベスト 10 に選ばれる、評価の高さ。すごい。

title: 39

少女漫画の深淵を覗きたいあなたへ

『二日月（山岸凉子スペシャルセレクションⅧ）』

山岸凉子（潮出版社）初出 2010

つまらない真実
vs
面白い嘘

私はこれを読んで、世界に物語が必要な理由がわかった。読めば人生観が覆される、「人間の業」を見つめた少女漫画。

少女漫画の神様の短編集　# 男性が読んでも絶対おもしろい　# 短編集なので時間がないときに　# ふつかづきと読む　# 歴史物・ファンタジー・すこし SF 的なもの・ラブコメ・不倫ものなどジャンル多数　# 価値観を変える一冊

物語って、何のためにあるのでしょう。

いや、別に何のためだなんて功利的なことを言わなくてもいいのですが、私たちはどうして物語を読むのでしょう?

おもしろいから。……だけど、ただの娯楽と言い切るにはあまりに私たちをつかんで離さない。虚構の物語は、言ってしまえばただの「嘘」なのに。

私は山岸涼子先生の漫画を読むといつも、「物語は何のために存在するのか」を知ります。

物語という「嘘」の装置は——時に事実を述べるよりもずっとずっと深く誠実に、「真実」を語ることができるから。

『二日月』は少女漫画家・山岸涼子先生の短編集です。

山岸涼子先生というと、もう少女漫画好きで知らない人はいない神様で、代表作は『アラベスク』とか『日出処の天子』とか、それはもう深くて美しい漫画を描く人なんですね。読んだことのない方はぜひ、ぜひ、ぜひ、一冊手に取ってみてほしいのですけども!

もちろん代表作となっている長編漫画も(言うまでもなく!)すっごくおもしろいのですが、私はこの『二日月』をはじめとする短編漫画が大好きなんです。

たとえば、『三日月』の中に所収された『朱雀門』という漫画。

主人公の千夏は、部活の先輩に憧れたり、小説を読んだりしつつ、日々を楽しく送る中学生の女の子。

ある日、千夏の叔母が「婚活」を始めた、と聞きます。叔母はイラストレーターとして自立し、気ままな独身生活を送る素敵な女性。千夏は内心「えーっ、なんで婚活？　好きなことして生きる理想のお姉さんだったのに！」と思いつつ、家へ遊びにきた叔母と、そのとき読んでいた芥川龍之介の『六の宮の姫君』の話をします。

『六の宮の姫君』をかいつまんで説明しますと――ある平安時代の姫君が、親に死なれ頼れる人もおらず、途方に暮れている。世話してくれた男も京から離れてしまう。姫君はおいおい泣くばかりの日々……。その後、姫君は門の下で息を引き取る。門のほとりでは、女の悲壮な泣き声が聞こえるようになる。法師は言う、あの泣き声は**「極楽も地獄も知らぬふがいない女の魂でござる」**と……。

この小説のラストに対して、千夏は疑問を持ちます。「これじゃあんまり姫君がかわいそうじゃない!?」と。悲しい運命の挙句、成仏もできない姫君。なぜ芥川龍之介はこんなふうに、姫君を「ふがいない女の魂」として描いたの？

するとおばは、こう言います。

「あら　そこが芥川龍之介のすごいところだわよ
「生」を生きない者は「死」をも死ねない…と彼は言いたいのよ」

実はこの六の宮の姫君は、運命を甘んじて受けるだけで、**自分でどうこうしようと努力していない**んですね。おいおい泣くばかりで、ただ周囲が何とかしてくれることを待つだけ、耐えるだけ。

「この何も知らない、見ない、ただ待つだけ耐えるだけなんて、そういった人間は自分の『生』を満足に生きていないのと同じよ。たとえこの時代のお姫さまだとてね」

《人生を狂わせるこの一言》

「生とはね、生きて生き抜いてはじめて『死』という形で完成するんですって」

「つまりは生きるという実感がなければ、死ぬという実感がなくてあたりまえなのよ。六の宮の姫君は自分が死んだという実感もまたわからないまま死んだんだと思うわ。結局死をうけいれられなかったのよね」

千夏と叔母の話はこのあとも続き、「なぜひとりで好きに生きていた叔母が、突然お見合いをしようとしたのか？」という謎が解かれることになります。千夏は、叔母の言葉の意味を考えようとするのです。

――それにしても、**漫画の中でこんなことを言われちゃ、**千夏ちゃんだけじゃなくて、私たち読者も、考え込まざるをえないですよね。

生き抜く、ってどういうこと？　死は単に死ぬだけなんじゃないの？　と。

これ、本当はすごいことなんですよ。読者に**「この台詞ってどういう意味？」って考えさせることって、存外難しい**ことなんです。

たとえばエライ人の講演会で「生き抜いてはじめて『死』という形で完成するんですよ」なんて聞いても、案外スルーしちゃう。

それがどれだけ深い真実であろうと、**言葉としてぽんと出されただけでは、ふーん、いいこと言ってるなー、で終わる。**

けれど、漫画や小説の中で「物語」として登場人物の心情や謎を追いかけるうちに、ハッと作者の「伝えたい真実」に出会ったりすると、「え、これってどういうことなの?」と考える。

山岸先生の漫画は、そういう作者の深い考えや真実がめいっぱい詰まっていて、だけどそれがまったく押しつけがましくなく、読者に届くんです。

つくられた嘘の物語だとしても、それは事実を述べられることよりも、真実をずっとずっと心の深いところに届ける。だから物語によって人は痛いところをえぐられたり、すくってもらえたりする。

物語ってすごいよな、と思います。

さて、山岸涼子先生の『二日月』です。一級品の物語ですよ。覚えてくれましたか? ほら、今すぐ書店へ買いに行ってくださいねっ。

この本を読んだ方に おすすめする「次の本」

『櫻の園』 吉田秋生（白泉社）

「一巻で終わる傑作少女漫画」つながりでおすすめしたい漫画。『海街diary』『BANANA FISH』の吉田秋生が、女子高の演劇部を舞台に描く、思春期の女の子たち。

『動物のお医者さん１～12』 佐々木倫子（白泉社）

「男の人が読んでも絶対おもしろい少女漫画」つながりでおすすめしたい漫画。北海道の獣医学部で、まったく色恋が入らないままシュールに愉快な動物だらけの日常が始まる。

『少年の名はジルベール』 竹宮惠子（小学館）

少女漫画ファンなら読むと泣いてしまうこと必至。ちなみに私は呻きましたね。『地球へ…』『風と木の詩』などの大ヒット作を生んだ竹宮惠子が、当時の少女漫画界を語る自伝的な一冊。大泉アパートで萩尾望都らと過ごした日々、BL漫画なんて意味がわからないと言われた執筆秘話、そして山岸涼子も入れて向かったヨーロッパ旅行の思い出……。お願いですから次の朝ドラはこの本を原作にしてください!!!（泣）それにしてもこの本、ただの自伝じゃなくて、才能と情熱と芸術の話だから泣けるのである。女の人だらけなのに１ミリの恋愛話が入らないという稀有さ。「わたし、あなたみたいな才能とだったら結婚してもいいなあって」──ひい、この台詞がどんだけ泣けるか。とにかく読んでください。お願い。ていうか文字数がない。

title: 40

『イグアナの娘』

消せないコンプレックスを持つ女へ

萩尾望都（小学館）初出1994

母娘の愛情
VS
母娘の憎悪

イグアナの顔をした母娘の間に生まれる「憎悪」から、自分との向き合い方を50ページで見事に描き切った短編漫画。

#短編少女漫画　#文庫で出てます　#少女漫画界の神様の作品!!!　#菅野美穂主演でドラマ化　#短いのでさくっと読めます　#ちょっと童話風味　#子ども目線でも親目線でも「親子って難しい」って一度でも思ったことある人はぜひ　#ちょっと「深いな……」って思う作品を読みたいときにおすすめ

鏡がなければ、自分の顔を自分で見ることができない。

これ、ちょっと不思議に思いません？　だって自分はいつも自分と一緒にいるでしょう。思考するときも自分と一緒にいるし、自分の手とか足とずーっと一緒にいて、それらを操作して生きているわけじゃないですか。

だけど、**自分の顔は自分で見ることができない。**自分の表情や顔がどんなふうになっているのかってすごく大事な気がするのに。

鏡やら自撮りやらで見ることはできますが、そこにうつるのは、基本的に「見られている」ことを意識しているときの顔でしかない。


だからこそ私たちは、他人に「あんたはこんな顔をしているよ」って言われたら、ああそうなのか、ってその言葉を信じてしまうんですよね。

誰もが他人から「こうだよ」って言われた言葉を手がかりに生きている。あるいは、自分で「自分はこんな顔をしてるんだ」って思い込んだら、そう思い込んだまま生きていくのかもしれません。

だって本当の顔なんて見えないから。**自分は美しい（あるいは醜い）って一度思い込んだら、そうじゃない事実なんて忘れていい。**

『イグアナの娘』という短編漫画は、この**「あんたはこんな顔をしているよ」って言葉を最初にかけられる相手が「母」である**……というところから物語が始まります。

あらすじを簡単に言うと、ふつうにまっとうに暮らしていたとある**母親のもとに生まれたのは、なんと「イグアナ」の姿をした娘。**どうやらほかの人にはふつうの女の子に見えているらしいんです。でも、母親の目には、どうしてもイグアナに見えてしまう。ああどうしよう、この娘がイグアナだって、ほかの人にバレないようにしなくちゃ。

……二番目に生まれた妹の方は、ふつうにかわいい女の子。

……なぜ？　なぜお姉ちゃんだけイグアナなのかしら？　母はそう悩み、ますます姉に厳しくあたります。

姉妹は成長し、やがて大人になりました。姉は**「ママのいうようにわたしはイグアナなんだから、人間の中でイグアナとして一生を送るわ」**と決意し、無事結婚もして、娘も産みます。

そんな折、姉のもとへ届いたのは、母の訃報。

死んだ母の顔を見てみると……その顔は、怖ろしいほどに自分にそっくりな「イグアナ」の顔をしていたのです。

母は自分と違って、ふつうの人間だったのに。どうして私と同じ、イグアナの顔をしているの!?　……そのとき、姉は夢を見ます。母がむかし、イグアナの姿をした母は、魔法使いにこう頼むのです。

「わたし、人間に恋をしたの。お願い、わたしを人間にして」。

　魔法使いは承諾します。

「いいよ、ただし王子様はおまえをイグアナだと気づいたらおまえのもとを去っていくよ」。

　母は喜びました。

「わたし絶対気づかれないわ、イグアナだったことなんて忘れて、人間として生きるわ」。

　……そう言って、母は人間になったのです。

　姉はその母の夢を見て、何かしらが自分の中で浄化されてゆく気がしました。そうか、**母もまた、自分を愛そうとしたけど愛せなくて、苦しかったのだ、**と……。

　ふ、深いっ。深すぎる。

　この深さを短編漫画で表現できる萩尾望都はやはり神様なのでした（いまさらかよ）。（萩尾望都先生は『ポーの一族』やら『11人いる！』やら、少女漫画の傑作を生み出し続けている神様なのです、ほかの作品もぜひ読んでくださいねっ）。

それにしても、母娘というものを少女漫画はずうっと描き続けているわけですが、ここまで深く簡潔に「母娘の溝」を表現した漫画があったでしょうか。いやー神様だな……。

さて。

少女漫画や文学で描かれる「母娘」というのは、「似てる」という部分がいつもポイントになるんですよね。

女の人は男の人よりも「自分がどう見られているか？」を意識しやすいからこそ、女の人が娘を生んだとき、自分と同じように「この娘がどう見られるか？」ということも気にするし、同時に自分も娘を「見る」側になります。

母からすれば、自分（あるいは過去の自分）と似た顔・体を持っている娘が、「見える」存在としてそこにいる、ということですね。ふだんは「見られる」だけの自分の顔が、まるで鏡にうつしたように、「見る」ことができるものになるということ。

人は、自分の顔を自分で見ることができない。だからこそ、自分の顔を見ないふりしたってかまわない。

だけど、そこに娘として現れるのは、過去あるいは今の自分に似た顔。**自分が捨てたかったところ、あるいはいらないからって見ないようにしていたもの——ようやく克服した、と思っていたコンプレックスたち——そういうものを持って現れる他者がつねに家庭にいたとしたら**……まぁ恐怖ですよね。娘、イグアナにも見えますわ……。

もちろん本当は、娘だって結局別の価値観を持った人間だし、似ているけれど違う生き物なんですよ。自分の子どもだからといって、自分と同じ見られ方をするとはかぎらないし。何が幸せなのかも違う。

うーん、親子って難しい。『イグアナの娘』を読むとしみじみ思います。

だけど本当の本当に難しいのは、親子じゃないのかもしれない。

つまり子どもや親に自分を見てしまってこじれるというのは、**いちばん難しいのは「自分」との付き合い方、ということですよね。**

とどのつまり、**自分というのは、世界でいちばん遠い他人でもあり、世界でいちばん付き合いにくい人間なのかもしれません。**

——あなたはこの物語を読んで、どう思いましたか？

私は、あなたの感想を、聞きたいです。

この本を読んだ方に おすすめする「次の本」

『成熟と喪失“母”の崩壊』
江藤淳（講談社）

親子は難しいと言うけれど、じゃあ日本人にとって「母」っていったい何なのか？ ということを論じた文学批評。成熟とは「母」を喪失すること、その喪失によって「母」を傷つけた罪を引き受けること──遠藤周作や安岡章太郎を読み解きながら、日本人と母について述べる。「男の人」にとっての「母」を知ることのできる一冊。

『常世長鳴鳥（山岸凉子スペシャルセレクション VII）』
山岸凉子（潮出版社）

『イグアナの娘』と同じく、短編で「親子の葛藤」を描いた山岸凉子の少女漫画集。『イグアナの娘』と合わせて読みたい。花の24年組（昭和24年頃の生まれで、1970年代に少女漫画の革新を担った日本の女性漫画家の一群）はやっぱり……天才なんですわ……。

『黙って行かせて』
ヘルガ・シュナイダー（新潮社）

「ナチス親衛隊員」だった母の過去と、その過去を正当化しようとする母自身と、娘はどうやって向き合えばいいのだろう？ 母娘と歴史をめぐる葛藤を描いた、哀しく虚しいノンフィクション。

title: 41

『氷点』

「愛」って何か、ずっと知りたかったあなたへ

三浦綾子（角川書店）初出 1965

人間は正しい

VS

人間は間違える

「一生、家族を殺した犯人を憎まずに生きられるか」というよくあるテーマ。だけど、これ以上掘り下げた作品をほかに知らない。

日本の現代小説　# 骨太　# キリスト教思想が背景　# テーマは「原罪」　# 「汝の敵を愛せよ」なんていやいやいや無理無理無理でしょ　# 石原さとみちゃん主演で映画化　# 廃れないベストセラー　# 考えさせられる話が好きな人へ　# 読書感想文の題材にもおすすめ

「なんか最近本がつまんないなぁ、って思ってない？」

——誰だ、あなた。

「その人」は、私が中学生の頃に現れた不思議な人だった。中学校の図書室でいきなり話しかけてきたその人を、私は怪訝な目で見つめた。

その人は、こちらのことを見透かしたように微笑んで、「図星でしょ」と笑った。

「今、あなたが好きな作家さんの本はあらかた読んじゃったもんね。推理小説とかＳＦ小説とかラノベとかにも手を出してみるんだけど、いまいちおもしろくないんでしょ」

14歳という年頃が終わって15歳になった冬。

たしかにその人の言うとおりだった。

当時の私は、相変わらず本が好きだったけれど、新しく好きな作家さんが見つからなかった。好きな作家さんの本はほぼ読破していたし、今まで読んだことのないようなジャンルや作家さんを読んでみるも、いまいち気分が乗らなかった。

「現実を忘れさせてくれるわくわくする本に出会う割合が、低いんよね。最近」

高知の片隅の図書室で、私は、その人に愚痴るように言った。

そんな私を見て、その人は「ふうん」と言った。

「本って、わくわくしないとだめ？」

「何言いゆが、当たり前やん」

何を言うのだろう、と私は呆れた。

「本は、このめんどくさくて重たい現実を忘れさせてくれるもんやろ。現実を忘れさせてくれる、精神安定剤になってくれる本じゃないと、おもしろいって思えん」

その人は、はは、精神安定剤って。と笑った。そして私に目線を向ける。

「でも……本って、現実のことをより深く考えさせてくれるものでもあるでしょう？」

現実のことを深く考えさせてくれる。――私は、何それ、と眉をひそめた。

「じゃあさ」

その人は私の目の前に、一冊の本を置いた。

「この本読んでみたら？」

私は、目をぱちくりと見開いた。

――本の表紙には、『氷点』と書かれていた。

「ひょうてん？」

「そう。三浦綾子のデビュー作。傑作だよ」

その人は微笑んだ。

「この本は、現実を忘れさせてくれるくらいおもしろいよ。きっとあなたの『精神安定剤』になるくらい、おもしろいと思う」

へえ、と私はその本を手に取った。

三浦綾子。聞いたことはあるけれど、読んだことのない作家だ。ぱらぱらとページをめくる。

そんな私を見て、その人は口を開いた。

「だけど――その本を読んだあと、その本を読む前の現実には戻れないからね」

「……読む前の現実には戻れない？」

私は本から顔を上げ、その人を見た。

「そう。だってこの本は、物語としてもすごくおもしろいけど、同時に、あなたが暮らす現実のことを深く深く考えさせる本だもの」

私は首を傾げつつ、「どういう意味？」と聞いた。

「世の中には、現実を忘れさせてくれるくらいおもしろくてわくわくする本ってのがあるけど、同時に、現実をより深く考えさせてくれる本、ってのも存在するのよ。**それこそ、現実の世界の見方が変わるくらい」**

――ストーリーのおもしろさだけが、小説の存在理由じゃないんだよ。

その人はそう呟いて、私を見つめた。

私はいまいち意味がわからないまま、「この『氷点』って小説……どういう話？」と尋ねた。

その人はにっこり笑ってあらすじを説明してくれた。

「あるところにね、夫婦がいるの。３歳の娘がいるんだけど――妻がほかの男性と会っているあいだに、その娘が殺されてしまうのよ」

ひえ、と私は息を呑む。

「それから妻を疑う心を持ち続けた夫が、ひそかに、娘を殺した犯人の娘を引き取った」

一種の妻への復讐だよね、とその人は苦笑した。

「その娘の名前は陽子と名づけられ、とってもいい子な娘さんとして成長した。だけど、妻は陽子が犯人の娘であることを知って、陽子をいじめるようになってしまう。陽子はお母さんの嫌がらせにも負けない、いい子に育つんだけど、あるとき……って話」

私は、ええっと声をあげた。

「あるとき、何！　最後まで言ってや！」

「それは読んでのおたのしみ」

その人はくすくすと笑った。私は納得いかないながらも、はぁ、と『氷点』のページをめくった。

「でもさ、聞いた感じふつうにちょっと重たい家族の小説って感じやない？」

「そうねぇ、たぶんこの小説のラストを読んだら……あなたは驚くと思う。**なんで三浦綾子はこんなラストにしたの？　って。この子何にも悪いことしてないのに、なんでこの結末？**　って考えると思う」


へぇ、と『氷点』のページをぺらぺらとめくる私を見て、その人は笑った。

「あなたはまだ、許せないものが多いもんね」

は？

いきなり投げ込まれた批判のようなその言葉に、……素直に苛立った。

「許せないものが多いって、どういう意味？」

眉をひそめて、その人を見つめた。

その人は、ごめんごめん、と笑う。

「別にそれでいいんだよ、今はね。**でもそのうちあなたも、正しくないこととかきれいじゃないものを、許せるようになるといいね、**って。『氷点』はそういう話なの」

――ますます意味がわからない。

私は眉をひそめた。でもさぁ、と子どもみたいな反論が口をついて出る。

「でも……だめなものはだめだし、嫌なものは嫌やろ。正しくないことを、なんで許さないかんの」

その人は、うーん、と笑った。

「だって……愛ってゆるすこと、でしょう?」

愛って。

「愛って何よ。……正直、クサい」

その人は、そうね、と笑った。それ以上、何も言う気がないみたいだった。

「お姉さん、何しに来たん?」

私はその人の帰りそうな気配を察して、尋ねた。

なんであなたは私の読書傾向なんて知ってんの。

「別に? ただ私もあなたくらいのときに『氷点』を読んで衝撃受けたから。あなたも読んでみたらどうかなぁって薦めに来ただけ」

ふうん。聞きつつ私は、もう一度その表紙を撫でた。

もう一度目線を上げると、その人は、そこにいなかった。

《人生を狂わせるこの一言》

この罪ある自分であるという事実に耐えて生きて行く時にこそ、ほんとうの生き方がわかるのだという気もいたします。

この本を読んだ方に おすすめする「次の本」

『沈黙』 遠藤周作（新潮社）

何はともあれ三浦綾子を読んだら遠藤周作を読まねばなるまい、と私は思い込んでいる。ふたりとも日本にいながらキリスト教徒であり、キリスト教思想をテーマにした小説を書いている。遠藤周作の最高傑作はやっぱりこちら。最近映画にもなった。考えさせられる小説を読みたいときに。

『海市（P+D BOOKS）』 福永武彦（小学館）

結婚している画家が親友の妻に溺れていく様を描いた昭和の恋愛小説。「愛とは何か」なんて否が応でも考えさせられてしまう名作。テーマと登場人物の距離感がかちっと緻密で、福永武彦の構成の仕方って三浦綾子のに似てるな〜、といつも思う。

『新約聖書を知っていますか』 阿刀田高（新潮社）

キリスト教、わっからーん！ と叫びたいあなたのための、聖書入門。新約聖書をおもしろく紹介してくれるエッセイ。聖書のエピソードをちょっと知っておくだけで絵画や映画や小説がぐっとわかりやすくなる。あわせて『旧約聖書を知っていますか』もおすすめ。

title: 42

日本の、いや「私たち」の闇について知りたいあなたへ

『約束された場所で』

村上春樹（文藝春秋）初出 1998

他人のいる
「こちら側」
VS
他人のいない
「あちら側」

村上春樹によるオウム真理教信者へのインタビュー集。「彼ら」と「自分」の「違いのなさ」に衝撃を受ける一冊。

#ノンフィクション　#村上春樹によるインタビュー集　#「アンダーグラウンド（講談社文庫）」の続編　#いろいろと重たい内容ではありますが現代日本に生きる自分たちとして読んでみたら衝撃を受ける一冊であると思います

紹介するのは、『約束された場所で』という本だ。世界的作家・**村上春樹による、元（あるいは現役の）オウム真理教信者へのインタビュー集**である。

楽しいことを知るばかりが世界じゃない。

世界にはいろんな人がいて、いろんな出来事があって、当たり前だけど明るいところもあれば暗いところもある。むずかしいこともあればやさしいこともある。理想どおりにいくときもあれば、矛盾だらけで結局何にもならないときもある。

当たり前のことだ。

だけど人はよくこのことを忘れる。

私もご多分にもれず。

何かを考えたり妄想したりすることが好きなぶん、頭の中で理想郷をつくりたがるし、幻想も持ちやすい。自分でも知らないうちに頭の中が暴走しはじめる。本を読むのが好きで物語の世界が好きで、現実や現実の自分なんていらないよー、と思うこともしばしばある。

けれど、**実際に、理想郷がそこにあったとして、そこに行けば自分の理想が叶えられるとして、そこに私は行こうと思えるのだろうか？**

たぶん、今のところ、思えない。

だって私には、**とりあえずこの現実で手に入れたものとか出会った人とかそういうものがあって、なんだかんだそういうものが大事だから。**

矛盾だらけで面倒で悪いこともいっぱいあって何もかも重たいけど、まぁ、こっちでがんばってくしかないよな、と思う。

重たいけど。

――だけど、この世界には、理想郷がそこにあったら、ぽんと「そちら側」に移ってしまう人がいる。

そちら側に行けるのならば、この世の絆を捨ててもいいや、と思える。

「そちら側に行けるのならば」。言葉で誘われ、そちらにしか理想を見い出せなかったような場合、人は簡単にそちら側に行ってしまう。

「そちら側」は、ある場合、現代では「宗教組織」という形で現れる。

地下鉄サリン事件を経て、どうしてその団体に入ったのか、どのような生い立ちで育ってきたのか、なぜ出家をしようと思ったのか……村上春樹というインタビュアーが、彼らの人生に対して問いを投げる。

細かい彼らの肉声が聴こえてくるような、不思議なインタビュー集だ。

巻末には村上春樹と河合隼雄による対談が載っている。この対談が、インタビュー集の最後をちゃんと「すくって」くれていて、『約束された場所で』という本を読者が飲み込めるようにしてくれる。ぜひこの対談だけでも読んでみてほしい。


オウム真理教、と聞くと、ぼんやりした揺らぎばかりが目の前を掠める。

私は1994年生まれだ。地下鉄サリン事件が起こったのは1歳のときだった、さすがに何も覚えていない。阪神淡路大震災が起こったのも同年だったと聞くと、いったいどんな年だったんだ、と思う。

この本を手に取ったのは本当に偶然で、村上春樹の本でまだ読んでないもの、くらいのノリで手に取ったような気がする。**でも、読んで、ちょっとびっくりするくらいダメージを受けた**ことは鮮明に覚えている。

私は文字から受ける影響みたいなものに敏感な方だと思うけれど（ふだん文字ばかり読んでるせいだ）、それにしてもこの本くらいダメージを与える本はそう多くない。

いったいこの本の何がそんなにきつかったのだろう？

それはたぶん、読んでもらったらわかると思うのだけど……**「インタビューを受ける彼ら」と「私自身」との間があまりにもないこと**にびっくりしたのと、それから、**彼らの持つ論理性みたいなものがあまりに他人を必要としていない**ことにびっくりしたのだ。

《人生を狂わせるこの一言》

彼らは、大資本や社会システムという非人間的で功利的なミルの中で、そのような自分たちの資質や努力が——そして彼ら自身の存在の意味までもが——無為に削りおろされていくことに対して、深い疑問を抱かないわけにはいかなかったのだ。

変な言い方だが、私は「ツッコミがない」環境におかれるとすごく居心地悪く感じるときがある（決して関西生まれなどではなく、笑いには疎いくらいの人間なのだけど）。

ツッコミとは何か、というと、要は、「お前それ規範からズレてるで！」と指摘することだ。私自身ツッコミを入れられる側の人間なので、自分の行動にあまりにツッコミが入らないと不安になる、みたいなこともしれない。こ、これでいいのか私、とたじろぐ。

同時に、他人の「ズレてる」と思う行動に対して、誰も何も言わずに頷いていると不安になる。誰かのどや顔に、変な行動に、あまりに大きな妄言に、ちょっと誰かツッコミを入れたげてはやくっ、と言いたくなる。

つまりは、自分はこの場にいるみんなと規範を共有しているのか？　という問題だ。

なんでツッコミの話になったかというと、この『約束された場所で』でインタビューされた元信者の人々は、ある種すごく「ツッコミを必要としていない人たち」に見えたからだ。

つまりは、**自分のズレを矯正する気がない、ということ。**

自分の論理の担保のために人が頷いてくれることは必要としているけれど、他人が「それおかしいんじゃない？」と言うことは何も欲していない。むしろ、おかしいんじゃない、と言われたら、自分はおかしくないことを証明しようとする。

自分が言いたいことだけを言って人生が済まされるなら、他人は必要じゃない。

そしてその「他人を必要としない」様子は、ある意味で、私自身とも、私の周りにいる何人かの人とも、似てるなぁ、と思った。

他人に何も邪魔されたくない。自分のやりたいことをやっていたい。自分の頭の中にある理想像ばっかりが好き。努力して報われたい。他人と自分はどこかで違うはずだ、という傲慢。

私は結局「そちら側」に行く機会はなく、日々ツッコミを入れてくれる人がたくさんいるし、まぁ案外「こちら側」をけっこう気に入っている。だから今のところ大丈夫に毎日暮らしている。

けれど……本当はわからない。何が善で何が悪で、光と影とどう付き合っていったらいいのか。

複雑で不条理で圧倒的に悲しいことがごろごろ転がっている世の中で、何かに負けずに、毎日地に足つけてがんばっていくには、どうしたらいいのだろう？

村上春樹は言う。


「現実というのは、もともとが混乱や矛盾を含んで成立しているものであるのだし、混乱や矛盾を排除してしまえば、それはもはや現実ではないのです」

「そして一見整合的に見える言葉や論理に従って、うまく現実の一部を排除できたと思っても、その排除された現実は、必ずどこかで待ち伏せしてあなたに復讐することでしょう」

本当にそうだ。でこぼこしていびつで、だからこそ手触りが強く強くあるのが、現実だ。**だけど言葉というのは、ある意味、現実よりもずっと引力が強くて、美しい。**

残念なことだが、現実性を欠いた言葉や論理は、現実性を含んだ（それ故にいちいち夾雑物を重石のようにひきずって行動しなくてはならない）言葉や論理よりも往々にして強い力を持つ

『約束された場所で』について語るのは、すごく難しい。だけど、私はこれを読んで何かを考えるときのひとつの引き出しが新しくできたし、現代の日本社会みたいなもの、を捉えようとするときに押さえておくべき本なんだろうなと感じる。それは別に事件そのもの宗教そのものを考えるだけではなくて、日本に今住んでいる私たち自身のことを考えるために、だ。

がんばるしかない。何かに負けないように。

この本を読んだ方に
おすすめする「次の本」

『村上春樹、河合隼雄に会いにいく』
村上春樹、河合隼雄（新潮社）

『約束された場所で』の巻末でも対談していたふたりが、深淵まで語る一冊。阪神淡路大震災や地下鉄サリン事件、結婚生活、学生紛争時代、カウンセリング、小説について……様々なテーマを横断しながら、会話は人間の精神を深く見つめるふたりにしかわからないところまで潜る。『約束された場所で』を読んだあとに読みたい。

『自由からの逃走』
エーリッヒ・フロム（東京創元社）

社会心理学者のフロムが 1941 年、ヒトラーの時代に発表した本。ファシズムやデモクラシーの中で人々が「自分から」自由を拒否する——つまり「自由から逃走」すること、その原因や構造について論じる。

『すばらしい新世界』
オルダス・ハクスリー（光文社）

2540 年を舞台にした SF 小説。人間の工場生産と条件付け教育によって遺伝子と思考が操作され、フリーセックスや快楽薬が奨励され……人類は、一切不満と影のない「すばらしい世界」の構築を達成していた。世の中に「完璧に合理的だと約束された世界」があったとしたら、私たちは「そちら側」を選ぶのだろうか？

title : **43**

恋愛で「重すぎる」「軽すぎる」自分に嫌気がさしたあなたへ

『存在の耐えられない軽さ』

ミラン・クンデラ（千葉栄一訳・集英社）初出1984

世界の軽さ

VS

世界の重さ

人生に求めるのは軽さか？　重さか？「プラハの春」を舞台にした哲学的恋愛小説。

#海外文学　#チェコの作家による文学　#世界的ベストセラー　#「プラハの春」を題材にした恋愛小説　#映画もおもしろいです　#哲学的な話や凝ったつくりの小説が好きな人におすすめ　#快楽は一回だけれど　#幸福は繰り返されるものらしい

好きな恋愛小説ベスト3を挙げよ、と言われたら、この本を一冊として挙げたい（ほかの二冊は長くなるので割愛）。

この『存在の耐えられない軽さ』という名タイトルを冠した小説は、チェコスロヴァキアを代表する、と言っていい小説家、ミラン・クンデラの作品。

彼は「プラハの春」（同国で起きた、自由を目指した民主化改革）で共産主義政権に抵抗し、それによって作品が発禁処分になったこともあったりする人（この小説もプラハの春を舞台に描かれている）。

この小説は、クンデラがチェコスロヴァキアからパリへ脱出し、国籍も剥奪された時期に発表されたもの。

つまりは歴史とか革命とか政府とかそういったすべての運命に散々弄ばれた、自分の凄惨な経験も含んだ作品……なのだけど、その語り口は驚くほど軽く、ぴょんぴょん言葉が飛び跳ねるみたいに波に乗っていて、それは読んでいる私たちに不思議な快感を生む。

ミラン・クンデラは、プラハの春をこんなふうに語る。

――そこには戦車や威嚇のこぶしや破壊された家、血まみれの赤青白のチェコ国旗で覆われた――

死体があった。フルスピードで戦車のまわりを走りまわり、長い竿につけられた国旗を振りまわすバイクに乗った青年たち、それにセックスに飢えている、かわいそうなロシアの兵隊たちの感情を刺激する信じがたいほど短いスカートをはいていた若い女たちがいて、彼らの前で誰かれとなくあたりを通る人とキスをしていた。

「私」がかつていったように、ロシアの侵入は単に悲劇であったばかりでなく、不思議な（そして、けっして誰にも説明できないような）幸福感に満ちた憎悪の祭典でもあった。


主人公トマーシュは、プラハに住む女たらしの脳外科医。

ある日トマーシュは、手術のために向かった街で、ウェイトレスをしつつ写真家の道を志すテレザに出会う。

テレザにほだされたトマーシュは、彼女と結婚することにする。

しかし幸せな新婚生活も束の間、トマーシュに女の影がちらつきはじめる。自由奔放な画家のサビナである。ほかにも愛人のいるサビナとトマーシュは、お互いに束縛し合わない関係が長く続いていたのだ。

そんな気配を察知したテレザが毎晩悪夢に苦しむようになった頃――1968年8月20日、ソ連軍によるチェコスロヴァキア侵攻の夜が来た。

テレザはソ連軍の戦車と、糾弾の声をあげる民衆の波に交じって、カメラマンとしての仕事を果たす。トマーシュは群衆に交じってひたすらに叫ぶ。

しかしチェコの民衆の声は弾圧され、再びソ連支配の空気が流れていく……。


「テレザ、使命なんてばかげているよ。僕には何の使命もない。誰も使命なんてものは持ってないよ。お前が使命を持っていなくて、自由だと知って、とても気分が軽くなったよ」


恋愛にしろ政治にしろ、結局**「ここにいるのは誰でもいいんだな」**と思うときがある。そこに椅子が空いていたから自分が座っただけであって。本当は意味もなく生まれてきて意味もなく死んでいくだけで、一度死んでしまえばそれで終わりなのがたった一度の人生だ。

そんなの悲しい。誰だって、かけがえのない自分でありたいし、人生に意味はあってほしいし、自分にしかできないことをやり遂げて死にたい。

だけど同時に、**「かけがえのない誰か」になることはとても重くて苦しくて面倒だ。**

この小説に出てくるテレザは一途で、「トマーシュじゃないとだめ」と言う。逆に、サビナは奔放で自由で、「トマーシュじゃなきゃだめ」なんて言わない。

このふたりの対比は読んでいてもおもしろく、同時に、どちらの気持ちもすごくわかる、と思う。

この人じゃなきゃだめって思ったり思われたりすることこそが、甘美な恋愛のなせるわざだと思う。一方で、誰にも縛られたくなんかないし自由でいたいし、あなたじゃなきゃだめなんていう制限まっぴらだ、と思うときもある。——わがままだけど、この葛藤って誰にでも存在するものじゃないだろうか。

作中、カレーニンという犬と飼い主テレザの関係を考察したこんな文章がある。


人間と犬の愛は牧歌的である。そこには衝突も、苦しみを与えるような場面もなく、そこには、発展もない。カレーニンはテレザとトマーシュを繰り返しに基づく生活で包み、同じことを二人から期待した。

もしカレーニンが犬でなく、人間であったなら、きっとずっと以前に、「悪いけど毎日ロールパンを口にくわえて運ぶのはもう面白くもなんともないわ。何か新しいことを私のために考え出せないの?」と、いったことであろう。このことばの中に人間への判決がなにもかも含まれている。

《人生を狂わせるこの一言》

人間の時間は輪となってめぐることはなく、直線に沿って前へと走るのである。これが人間が幸福になれない理由である。幸福は繰り返しへの憧れなのだからである。

ほんとにそうだよなあ、と思う。実は、人間はめちゃくちゃ飽きっぽい。恋愛していても、あのときあんなにときめいた感情は一瞬で消え失せ、こいつもう飽きたなぁ、と思うばかり。**人間は永遠に満たされない。なぜなら人間は幸福にすら飽きてしまうから。**ほんとミラン・クンデラの言うとおり、男よりも犬を愛でてる方がよっぽど幸せになれるんだよな……。

とはいえ、誰かに飽きたり不満を持ったり葛藤しながらも、その末に、人生の最期、誰かの「かけがえのない存在」になるのは悪くないよ、とミラン・クンデラは笑う。

ピアノとバイオリンの音にあわせ、テレザは頭をトマーシュの肩にのせ、ダンスのステップを踏んでいた。霧の中へと二人を運んでいった飛行機の中に二人がいたとき、テレザはこのように頭をもたれかけていた。今、同じように奇妙な幸福を味わい、あの時と同じ奇妙な悲しみを味わった。その悲しみは、われわれが最後の駅にいることを意味した。その幸福はわれわれが一緒にいることを意味した。悲しみは形態であり、幸福は内容であった。幸福が悲しみの空間をも満たした。

誰かと一緒にいる、というその幸福が、死という悲しみを祝福することができる。このラストシーンが私はとても好き。

軽さだ重さだ、政治だ革命だと散々叫んできた彼らが最終的に行き着いたのがこのラストなんだな、と思うと、やっぱり誰かとめんどうながらも関わって葛藤して恋愛することも悪くはない気がしてくる。

そういう意味で、プラハの春やら政治思想やらを背景とするこの小説だけど、私にとってはとびっきりの「恋愛小説」なのだ。

この本を読んだ方に
おすすめする「次の本」

『親和力』 ヨハン・ヴォルフガング・フォン・ゲーテ（講談社）

白状すると私はドイツ文学がまるっきりわからないのだが、この恋愛小説はおもしろかった。『存在の耐えられない軽さ』を読んで貞操観念など吹っ飛ばしたあとで読むと、不倫だ離婚だ〜と悩む彼らの真面目さが身にしみておもしろい。ゲーテが渾身の力で描いた結婚とは？ 恋愛とは？ 道ならぬ恋の行方は？

『アンナ・カレーニナ１〜4』 トルストイ（光文社）

白状すると私はロシア文学もまるっきりわからないのだが、この恋愛小説は好きだ。恋と女の生き様がいきいきしていて、読んでいて楽しい。やっぱりどこの国でも「道ならぬ恋」モノはベストセラーになるよねー。それにしてもトルストイは真面目そうに見えるのに、ミラン・クンデラに負けないくらいキャッチーな言葉遣いが上手い。なぜだ。

『春昼；春昼後刻』 泉鏡花（岩波書店）

というわけでこちらは日本文学の中で私が好きな恋愛小説。二、三度すれ違っただけの男と女が、なぜか夢の中だけ逢えてしまい……と、あらすじだけ書くと某大ヒットアニメ映画を彷彿とさせる設定なのだが、幻想的な文体と、最後の結末との落差がすっごい好き！「同じ夢を見たい」という欲望のなせる衝撃のラストをご覧あれ。好きっ。

title : 44

自分の「間違い」を認めることが苦手なあなたへ

『春にして君を離れ』

アガサ・クリスティー（中村妙子訳・早川書房）初出 1944

正しい幸せ VS 正しくない人生

アガサ・クリスティーの「ミステリじゃない」小説。正しさは人を傷つけえる、ということを描いた名作。読むと背筋の凍ることうけおい。

アガサ・クリスティーの「ミステリじゃない」小説　# 女性の方が共感するかも　# 家族を持つイギリスの中年女性が主人公　# 砂漠が舞台　# サイコサスペンスかつホームドラマ　# 人生を振り返りたいときに読みたい一冊　# 家族の葛藤の話が好きな人におすすめ

読むと鈍い痛みを伴う小説、というのがこの世にはあります。

読むと痛い気がするんだけど、痛いことを認めたくない、というか。


アガサ・クリスティーというと「ミステリの女王」として世界一のミステリ作家ですが、これから紹介する小説はミステリではありません。

人は死なない探偵もいない、事件だって起こらない。いや、すこしの謎は存在していますが、すっきりするような謎解きのシーンはありません。

なにしろこの小説を刊行するときクリスティーは、「メアリ・ウェストマコット」という別のペンネームを採用しているのです（ちなみに彼女がメアリ・ウェストマコット名義で出版した本は六冊。どれも家族の愛憎や女の業をテーマにした物語で、私はクリスティー名義のミステリよりもこのウェストマコット名義の小説たちの方が好きだったりします）。

もうその頃には**ミステリの女王の名をほしいままにしていた彼女が、別のペンネームを使ってでも書きたかった物語**は何なのでしょう？

……実際、この小説を読むと「ああ、クリスティーはこの物語を書かずにはいられなかったんだ」と思って泣けてきてしまうのですが。

物語の主人公は、よき妻よき母として毎日を暮らしている主婦ジョーン。

彼女は旅先のバグダッドからロンドンへ帰る途中、汽車が遅れて砂漠の真ん中で足止めされてしまいます。ひとりになったジョーンは、様々なことを回想します。

夫が仕事を辞めたがっていたときジョーンがきちんと導いてあげたこと、娘がやたら早く結婚したがったり、不倫してしまったとき、それを止めてあげたこと……。妻として、母として、そのときやれることはすべてやってきた。そのおかげで子どもも夫も立派な人間として成功しているんだ、と。

だけど、どこかで霧のかかった記憶があり、ブランチが言い残した言葉にも気になることがあります。

そしてジョーンは徐々に、自分の今の境遇に疑問を投げかけていくのです……。

この小説を読むと、ふたつの痛みが私を襲います。

それは、自分がジョーン的な人間であるということに思い当たる痛みと、同時に、自分の周りのジョーン的な人間に傷つけられてきたことを思い出す痛み。

ジョーン的な人間とはつまり——「他人の欲求に耳を傾けられない、自分の正しさしか認められない」人間のこと。

ジョーンは娘が不倫していたら止め、夫が成功しかけているエリート職を手放して農業やりたいなんて言い出したら止め、おいおい大丈夫かよと思う結婚相手を連れてきたらちょっとどうなのって言います。

本当に正しい。相手のためを思って、正しい方向へ人を導いている。すごいことです。なかなかできることじゃない。

——それは、ぜんぶ「正しい」んですよね。

だけど家族は、ジョーンから逃げ出すように人生を選んでゆく。

ジョーンは家族に対してちゃんと助言を与え、いい人生に向かわせるのは至極まっとうなことなのに、どうしても孤独なのです。

本当の意味でジョーンを大切に思ってくれる人はおらず、ジョーンはただひとり自分だけを正しい人間だと思って生きている。

どこかで「ん?」と思うことがあっても、それを見て見ぬふりをして、やっぱり私の人生は素晴らしいんだわって思いこむ。

ジョーンの夫、ロドニーが心の中で呟いた言葉です。

君はひとりぼっちだ。これからもおそらく。しかし、ああ、どうか、きみがそれに気づかずにすむように。

ジョーンだって、夫や子どもの幸せを願ったのは嘘じゃなかった。そりゃもちろん世間体ばかりを気にする傾向はあったけれど、それでも自分の正しさや幸福を追求してきた女性なんですよね。ジョーンの望みが悪かったわけじゃない。ただ……きっと、その**自分の「正しさ」を点検する姿勢がどうしても足らなかった。**

自分にとっての正しさは、イコール誰かにとっての正しさなわけじゃないから。相手の正しさにきちんと耳を澄まして、そのうえで自分の想いを伝えるべきだった。

それはもしかすると、「知性」と呼ばれるものなのかもしれません。自分の正しさを振り返って吟味しようとする、知性。

『春にして君を離れ』は、**そんな知性がなかった場合の正しさを、かくも残酷かつ哀しく描いた物語なんだ**――鈍い痛みを覚えつつも、そんなふうに私は考えたりするのです。

この本を読んだ方に おすすめする「次の本」

『かわいそうだね?』綿矢りさ(文藝春秋)

リアルだからこそ「どこか自分を見ているような気にさせる」小説のうち、『春にして君を離れ』が主婦バージョンだったとすると、『かわいそうだね?』は若い女の子バージョンなのだ。表題作のほかに、収録されている『亜美ちゃんは美人』も最高。痛々しいのがクセになる、不思議な読後感の小説。

『アガサ・クリスティー自伝(上)(下)』 アガサ・クリスティー(早川書房)

『春にして君を離れ』がブラック・クリスティーだったとすると、こちらの自伝は明るいホワイト・クリスティー。できるだけ幸せな記憶を綴り、波瀾も楽しみ、前向きに生きようとしているのが伝わってくる。あの名作の裏話もたくさん載っていておもしろい。ちなみに考古学者と再婚したクリスティーは「考古学者を夫にするといいことは、妻が年をとるほど相手は興味を持ってくれることだ」と言ったらしい。名言か。

『死ねばいいのに』 京極夏彦(講談社)

『春にして君を離れ』と同じように、読み進めるうちにじわじわとボディーブローが効いてくる一冊。とある女性の死に対して、主人公が様々なインタビューを行ってゆくが……読み終わったあとは嫌悪感と恐怖感がないまぜになってぞわりと来る。自分にも刺さってくるのがすごい。

title : 45

本当は、自分に正直に生きていきたいあなたへ

『ティファニーで朝食を』

トルーマン・カポーティ（村上春樹訳・新潮社）初出1958

世間の「善」
VS
自らの「善」

ニューヨーク、恋心、まるで猫みたいな美女。イノセンスの思い出をめぐる、きらきらと切ない小説。

＃アメリカ文学　＃戦時中のニューヨークが舞台　＃ヘップバーンの映画が有名　＃けど映画と小説は雰囲気違うのでぜひ小説読んでみてくださいね　＃自由な美人が好きな人ぜひ　＃カポーティの他短編もおすすめ　＃規律や常識を守ることが嫌になったときに読みたい一冊

以前暮らしていた場所のことを、何かにつけふと思い出す。どんな家に住んでいたか、近辺にどんなものがあったか、そんなことを。たとえばニューヨークに出てきて最初に僕が住んだのは、イーストサイド七十二丁目あたりにあるおなじみのブラウンストーンの建物だった。戦争が始まってまだ間もない頃だ。

秘密に隠してあるきらきらしたものを煮詰めて結晶にした、そこにしかない、小説家の人生でたったひとつの小説。

『ティファニーで朝食を』は、そういう類の小説のひとつだ。

舞台はニューヨーク。第二次世界大戦下、その古い建物の、「僕」の部屋のちょうど真下の部屋を借りていたのは、ホリー・ゴライトリー。

16歳にも30歳にも見える、美しく自由な空気をまとう彼女は、ニューヨーク社交界を気ままに渡り歩いているらしい。「ミス・ホリデー・ゴライトリー、旅行中《トラヴェリング》」――そんなふうに名刺に刻みながら。

ホリーの部屋には、いつもたくさんの男が出入りしている。彼女の素性は謎のまま、「僕」もまた、彼女の魅力に惹きつけられてゆく……。

この小説を読むと切なくてしょうがなくなる。それはたぶん、**主人公の語り手「僕」にも、自由きままなホリーにも、両者に感情移入してしまう**からだ。「僕」は、小説家志望の青年。ただ小説ではまだ食べていけず、やりたくない9時5時の仕事をしたりしなかったりする。そんな「僕」が、ホリーに惹きつけられる。ホリーは身軽で気ままで本能的で、まるで猫みたいな女性。

実際、この小説には象徴的に「猫」が登場する。ホリーは猫に名前をつけない。猫を抱いて、こう言う。

この子とはある日、川べりで巡り会ったの。私たちはお互い誰のものでもない、独立した人格なわけ。私もこの子も、自分といろんなものごとがひとつになれる場所をみつけたとわかるまで、私はなんにも所有したくないの。そういう場所がどこにあるのか、今のところまだわからない。でもそれがどんなところだかはちゃんとわかっている」、彼女は微笑んで、猫を床に下ろした。「それはティファニーみたいなところなの」

何にも所有したくない。身軽でいたい。責任なんて負いたくない。ティファニーみたいな、**自分がぴったりと自分でいられる場所を見つけるまで。**

リッチな有名人になりたくないってわけじゃないんだよ。私としてもいちおうそのへんを目指しているし、いつかそれにもとりかかるつもりでいる。でももしそうなっても、私はなおかつ自分のエゴをしっかり引き連れていたいわけ。いつの日か目覚めて、ティファニーで朝ごはんを食べるときにも、この自分のままでいたいの。

こういうホリーの気持ち、わからない人なんていないんじゃないだろうか。責任は重いし、年をとったり人生を重ねていったりすることは「重さ」を抱えていく作業だ。日々増えていく所有物を、ぜんぶ手放して、「私は私だ」って言いたい気持ちは痛いほどわかる。同時に、「僕」はこのホリーにどうしようもなく惹きつけられながら、同時にホリーを遠ざけたくなり、だけどまた惹きつけられ……と逡巡する。この気持ちもすごくわかる。まともに自分を保っておきたい。ホリーのようなイノセンスの塊に魅せられてしまっては、振り回されすぎてこちらが倒れてしまう。「僕」は意地のようにこんなことを言う。

しかしそのような条件付きの幸福も、ホリー・ゴライトリーを僕の人生から閉め出してやるという決意を揺るがすには至らなかった。彼女は「あさましい自己顕示欲の権化」であり、「意味のない空疎な人生を送る人間」であり、「度しがたいまやかし」だと僕は決めたのだ。

――そんな人間とは二度と口をききたくない。

一方で、「僕」はホリーが永遠にイノセンスを失わないでほしい、と願っていることも事実だ。振り回されるなんて勘弁、と言いつつも、ホリーにはずっと魅力的な野良猫でいてほしいとどこかで思っている。まやかしにいつまでも魅せられたい、と。

「僕」の気持ちも、ホリーの気持ちもわかる。

それは私の中にも、ホリーのように**「自由を望みいつまでも身軽でいたい自分」**もいれば、それを制して**「まっとうに生きたいと心底思う自分」**も両方いるからだ。

そして、どっちの自分も確実に知っていることは、いつかホリーはいなくなってしまうということ。つまり、**ホリーが持っているようないびつなイノセンスは、時間が経つにつれ、あるいは社会的地位をしっかりさせるために、いつかなくなってしまう。**

その「いなくなってしまう」予感を覚えるから、この小説を読むと、どうしようもなく切なくなる。おそらく作者のカポーティも、だからこそこの物語を「回想」として、「過去の話」として描いたのだろう。

でもある日曜日、明るい日の差す冬の午後、ようやく僕はその猫に巡り会った。鉢植えの植物に両脇をはさまれ、清潔なレースのカーテンに体のまわりを縁取られ、いかにも温かそうな部屋の窓辺に、猫は鎮座していた。猫はどんな名前で呼ばれているのだろう、と僕は思った。今ではきっと、彼にも名前が与えられているはずだ。そしてきっと猫は落ちつき場所を見つけることができたのだ。ホリーの身にも同じようなことが起こっていればいいのだがと、僕は思う。そこがアフリカの掘っ立て小屋であれ、なんであれ。

イノセンスが失われても、自由でなくなっても、どこかにティファニーみたいな場所が見つかっても見つからなくても、生きていかなくちゃならない。美しさが失われるならば破滅することが正解だなんて思わない。

だからこそ、「僕」はホリーの幸せを願う。どこにでもいきそうな、ふわふわしたきらめきを失ったとしても、きっとホリーが幸せでありますように、と。

『ティファニーで朝食を』の中でいちばん好きなのはここ。善きこと。自らの則に従うこと。戦時中のニューヨークへ足を運ぶことのできない私も、どこかで自分なりのティファニーに代わる場所を見つけたい。

それは**「癌」を抱えるくらい危険なことかもしれないけれど、不正直なものに殺されるよりマシだ、**と思ったりするのである。

要するに『あなたが善きことをしているときだけ、あなたに善きことが起こる』ってことなのよ。いや善きことというより、むしろ正直なことって言うべきかな。規律をしっかり守りましょう、みたいな正直さのことじゃないのよ。もしそれでとりあえず楽しい気持ちになれると思えば、私は墓だって暴くし、死者の目から二十五セント玉をむしったりもするわよ。そうじゃなくて、私の言ってるのは、自らの則に従うみたいな正直さなわけ。卑怯者や、猫っかぶりや、精神的なペテン師や、商売女じゃなきゃ、それこそなんだってかまわないの。

《人生を狂わせるこの一言》

不正直な心を持つくらいなら、癌を抱え込んだほうがまだましよ。

だから信心深いかとか、そういうことじゃないんだ。もっと実際的なもの。癌はあなたを殺すかもしれないけど、もう一方のやつはあなたを間違いなく殺すのよ。

この本を読んだ方に おすすめする「次の本」

『たけくらべ』　樋口一葉（集英社）

日本版「イノセンスと美少女」をめぐる小説だと思っている一冊。名前は有名な割に読んだことがある人は案外少ない樋口一葉。読んでみると案外おもしろい樋口一葉。擬古文は最初難しくても、読んでいるうちになぜか慣れてくる。ホリーにしても美登里にしても、男の人と遊ぶこと、と、大人になること、というテーマはどうにもならなくて、悲しい。

『愛のゆくえ』
リチャード・ブローティガン
（早川書房）

主人公の勤務先は「一般人が想いを込めて綴った本だけを集める」不思議な図書館。ある日そこへ美少女がやって来て……。アメリカの図書館とメキシコを舞台にした、愛と喪失と美少女の物語。カポーティが好きな人は好きであろう、美しくてユーモアがあってちょっとシュールな文章をご堪能あれ。

『誕生日の子どもたち』
トルーマン・カポーティ（新潮社）

短編集でありながら、カポーティのイノセンスへの執着と傷が見える、美しい小説たち。『無頭の鷹』が好き。

title : **46**

「善き物語」に触れたいあなたへ

『光の帝国―常野物語』

恩田陸（集英社）初出2000

恐怖 VS 郷愁

目を向けると心が荒むことばっかりで、こういう「善き人々」が存在すると信じさせてくれるだけでも価値あるよなって思う小説。

#連作短篇集　#短い時間でも一編ずつ読めます　#すこし不思議なお話　#直木賞作家　#東北が舞台　#切なくて優しい物語　#一族の話とか好きな人にも　#本を読んであたたかい気分に浸りたいときに　#ルネ・マグリットが描いた同タイトルの絵があります

――どこへ連れていかれるのかわからない。

大学進学とともに関西へやって来て、初めて地下鉄に乗ったときのことをよく覚えている。車両に揺られながら、妙な恐怖と懐かしさがいっぺんに襲ってきた。

私の地元の公共交通機関といえば「バス」か「路面電車」だった。それらに乗ると窓から外の風景はよく見えるし、駅と駅の間がけっこう近い。つまり私が間違った路線に乗ったとしてもすぐ気づくし、間違えた駅で降りても、歩けばなんとかなった。

だけど都会の電車は違う。そもそも地下鉄というのは窓から景色が見えない。

驚く。

間違った路線に乗っていても気づかないじゃないか。ということは、もしこの電車の車掌さんが入れ替わっていて、違う駅へ連れて行こうとしていても、私は気づくことができない……。

一度友人に「地下鉄ってどこ連れてかれるかわからないっていうか、電車に乗り間違えてもわからないのが怖くない……？」と聞いてみたら、「いやバスの方が圧倒的に路線多いし乗り間違えやすいでしょ」と一蹴されてしまった。

現在京都生活6年目の自分としても、まぁ、当時の友人の意見に賛成である。

それでも。当時の、あの、初めて地下鉄に乗ったときのぬるりとした恐怖は忘れられない。

——怖かった。

だけど同時に、その恐怖にはどこか懐かしさを感じた。私は地下鉄に揺られながら思い出していたのだ。「ああそうだ、小さいときってこんなふうに妙な恐怖がいっぱいあったよな」と。大人に言ったら笑われそうな、だけど本当はとても怖いもの。「こっから私はどこへ連れて行かれるんだろう」という恐怖。小さい頃に初めて乗ったバスも路面電車も、本当はあのときも、私は怖かったのかもしれない。

前置きが長くなったけれど、恩田陸の『光の帝国』を読むと、私はこの電車に乗ったときの感覚とまったく同じものを感じる。

「私はいったいここからどこへ連れていかれるんだろう」。

そしてその恐怖は、いつだって懐かしさとともにある。


自分がその窓ガラスの上を歩いていて、ガラス板の下に流れる川を見下ろしているような気分になってくる。雨の音は、やがて川のせせらぎに変わる。夜の川の上を飛ぶように歩く長い髪の少女。頰を撫でる夜の風。川と森の匂い。全身を包むざあああという川のせせらぎ。月光に光る小さな流れの水面。

「あたしたちのことを思い出してくれた?」

誰かがそう頭の中に話しかけてきたような気がして、亜希子は何気なく振り向いた。


『光の帝国』は恩田陸による連作短編集である。

「常野(とこの)」と呼ばれる土地からやって来た、それぞれ不思議な力を持った一族の物語。

不思議な力といっても、スプーンが曲げられたり時間を巻き戻せたりするわけではない。ささやかな、一人ひとり違った能力。たとえばいくらでも書物を暗記できる力、遠くで起こったことがわかる力、すぐ先の将来が見える力、ものすごく速く移動できる力……。

彼らはその能力を戦ったり支配したりするために使うわけではない。**『光の帝国』というと大仰なタイトルに見えるが、この話はいたって理知的で静謐な人たちのお話だ。**

「常野」の人々は、ひっそりと市井の人々にまぎれて暮らしている。己の能力をひけらかすことなく。彼らは、あるときは戦時中の山奥に暮らし、あるときは紀行作家として活躍し、あるときは女子高生として生きている。

そんな「常野」の人々のエピソードが短篇になって載っている『光の帝国』であるが、読み終わったあとに余韻が残る名品ばかりの短編集である。


あのさ、僕の尊敬するチェリストが言ってたんだけどね。音楽にすれば全てが美しいって。憎しみも嫉妬も軽蔑も、どんなに醜いおぞましい感情でも、それを音楽で表現すればそれは芸術だからって。だから音楽はどんな時でも味方なんだって。武器なんだって。心変わりしない。浮気もしない。いなくなったり死んだりしない。そのへんの男よりかよっぽど頼りになる。君は世界一の味方を手放そうっての？　君の頭の中にあるのは、それを手放すに値するだけのものなの？

追い討ちをかけるような律の言葉は美咲の背中に矢となって突き刺さった。

値するわけなんかないじゃない！

美咲は振り返って叫んだ。

代わりになるものなんかないわ。そんなこと、あたしが誰よりもよく判ってるわよ。

叫びながら、ぽろぽろと涙がこぼれてきた。


一見「すこし不思議な一族のしみじみとした物語」に見えるこの小説は、ただ優しいだけの小説ではない。

たとえば一族が経験した「戦争」の一場面も描かれているし、日常に潜む恐怖と、残酷さに満ちた現実を何の加減もなく描いている。

読んでいるうちに、読者は日常生活で忘れていた「世界というものに対する妙な恐怖」を思い出す。

ただ怖いだけのサイコサスペンスとかホラー小説とかグロテスクな描写とか、そんなものが恐怖だとは私は思わない。だって作者が怖がらせようとしてくる小説なんて、それはただのお化け屋敷であり恐怖ポルノでしかない。

ふつうの日常が、本当はいちばん怖い。——恩田陸はこの感覚がわかっている人なんだ、といつも思う。むしろ私が恩田陸に教えられたのかもしれないけれど。

私は目を凝らして次々と出てくる人間たちを見つめた。

あの色彩を探すのは困難ではなかった。サングラスの下から蔓がのぞいている男。ワイシャツのカラーからシダが飛び出している男。背中に草の生えている女。ぽつりぽつりとではあったものの、今見ている短い時間の間にこれだけ見かけるということは、全体ではかなりの人数になることは間違いない。

そんな。人間に草が生えているなんて。

私は全身に冷や汗の流れるのを信じられない思いで感じとった。私はこの男に催眠術をかけられているのかもしれない、という考えがちらっと浮かんだ。そうだ、きっとそうに違いない。

「そうなんだよ。今までは、街の中に生えているだけだった。ところが、最近は人間に草が生えるようになったんだね。彼等はそのことに気がついていないだろうけどね。でも、そのうちにあの草は彼等の内蔵も精神も破壊してしまうだろう」


世界は、実は見えない恐怖に満ちている。

明日どうなるかわからないし、それはたとえすこし先の将来が見える能力を持っていたとしても、同じだ、と『光の帝国』は言う。

だけどこの小説を読んでいて感じる恐怖は、ただの恐怖じゃない。その恐怖は、いつも「懐かしさ」とともにある。これが『光の帝国』という小説のすごいところだ。


そもそも世界は怖いところだったのだ。私たちはそれを大人になるにつれて忘れるようにしてただけだ。

亜希子は顔をしかめてみせる。

「あーあ、あたしたちってなんのために生きていくのでしょーか」

冗談めかして言ったつもりだが、記実子は笑わなかった。思いがけず真剣な瞳がこちらを見返している。

「続きを知るためよ」

「続き？」


あなたにも覚えはないだろうか？　小さい頃感じていた、妙な恐怖。

隣の人がもしかしたら宇宙人かもしれない。今日家に帰ったらお母さんがいなくなってるかもしれない。成長してゆく自分の身体が怖い。電車に乗ったらどこか変なところへ連れていかれる気がする。

――『光の帝国』を読むと、いつもそんなことを思い出す。

今でも、気がつけば、世界は怖くてなつかしくてあたたかい場所である。

《人生を狂わせるこの一言》

「僕たちは、無理やり生まれさせられたのでもなければ、間違って生まれてきたのでもない。それは、光があたっているということと同じように、やがては風が吹き始め、花が実をつけるのと同じように、そういうふうに、ずっとずっと前から決まっている決まりなのだ」

「僕たちは、草に頬ずりし、風に髪をまかせ、くだものをもいで食べ、星と夜明けを夢見ながらこの世界で暮らそう。そして、いつかこのまばゆい光の生まれたところに、みんなで手をつないで帰ろう」

善き物語とはこういう物語たちのことだよなぁ、と私は思う。なつかしさと切なさとすこしの恐怖。この小説を読んで、そういやこの世は実は恐怖と残酷さばかりの場所だったわ、と思い出したとしても、大丈夫。この小説の結末は、予感を残しつつ、いつも優しくあたたかいから。

それはこの作品が虚構だからだ。

現実はこんなに甘くないし、って大人になった私たちは知っているけれど、それでも**「いやもしかしたら現実もハッピーエンドで終わるかもしれないし」と思わせてくれるから。**

だから、この世に『光の帝国』みたいな善き物語は必要なのである。

この本を読んだ方に おすすめする「次の本」

『果てしなき旅路』
ゼナ・ヘンダースン（早川書房）

恩田陸が『光の帝国』でオマージュしたという元ネタ小説。読んでみるとたしかにSF小説なのにどこか懐かしく、淡々とした郷愁をそそられ、恩田陸ファンなら好きであろう作品だった。宇宙船の故障で遭難したほかの星の＜ピープル＞は、アメリカの辺境に半ば孤立した村をつくっていた……どこか懐かしい情景描写が好きな人におすすめ。

『ジェニーの肖像』
ロバート・ネイサン（東京創元社）

恩田陸も好きだと公言する、時をかけるラブ・ロマンス小説。売れない画家と、なぜか成長してゆく少女の出会い。切ないわ美しいわ、こういうものに触れるために小説読んでるんだよこちとらっ、と叫びたくなるSF恋愛小説。心に潤いが欲しいときに読みたい。

『華氏451度』
レイ・ブラッドベリ（早川書房）

「善き物語」といえば、この本！　って薦めたい一冊。いつだって「焼かれる本」は恐怖と魅惑の対象だ。恩田陸が好きな人は好きであろうSF名作小説。

title : 47

本を読んで、とにかく元気になりたいあなたへ

『なんて素敵にジャパネスク』

氷室冴子（集英社）初出 1984

少女は弱い

VS

女の子は強い

少女小説の原点であり、永遠に女の子の味方。ラノベの開祖みたいなものです。傑作平安時代ラブ・コメディ!!

#少女小説の原点　#平安時代・ラブ・コメディ　#1981 年刊行今も読み継がれる大ベストセラー　#古典が苦手な中高生にもおすすめ　#疲れたときに読むと元気になれる本　#エネルギーをもらいたいときに読みたい一冊

「いづことておはしつるぞ。まろは早う死にき。常に鬼とのたまへば、同じくはなり果てなむとて」


……古文で読んでもなんだか迫力のあるこの台詞。

発したのは、かの有名な一大ロマンス長編『源氏物語』に登場する、雲居の雁という女の子。

ちなみに意訳すると、こんな感じです。

「ここをどこだと思っててらして？　私はもう死んでしまったわ、ふだんからあなたは私を鬼っておっしゃるんだし、いっそ本当の鬼になってやるわよ！」

『源氏物語』に登場する、雲居の雁の夫・夕霧が浮気して帰ってきたその朝、雲居の雁はこう言って夫を待ち受けるんですね。千年前から妻の怒りは変わりません。

しかし夫の夕霧は**「ははは、あなたの気持ちは鬼よりも怖いかもしれないけど、顔は別に怖くないから、私はきらいになれないな～♪」**と返します。当然ですが奥さんはさらに怒り心頭。

てめえっ、浮気をなんともなかったように隠すんじゃないっ！

「あなたみたいな男のもとで一生奥さんなんてやってられるわけがないじゃないッ、もう私のことは忘れてくださいな、あーここで過ごした日々の惜しいこと！」「え～こんなに子どもっぽく怒られちゃあ見慣れて鬼も怖くなくなっちゃったよ～もっと怖くして～」「バカじゃないの、もうあんたはさくっと死んでしまいなさいな。あーもう私も死にたい！　あなた見てると腹立ってくるわっ……とはいえあなただけあとに残して死ぬのは気になるしさ……」（※ツンデレかよ、というツッコミを読者から入れたい）

どっかで聞いたことのあるよーな夫婦の会話ですね。しかしこれ、千年前の京の都で紡がれた『源氏物語』の1シーンなわけです。

こう考えてみると、平安を生きた彼ら彼女らへの妄想がにやにやと広がります。

平安時代は一夫多妻制だとか妻問い婚だとか言われるけれど、やっぱり浮気は腹立つし、怒っている女の子を茶化してさらに怒らせる男の人はいるもんだし、夫婦は喧嘩しても結局元の鞘に収まるし、まぁ、そういうもんだったんだな。人間の感情とか関係って変わんないもんだなー、と。

だから私は思います。「平安時代の女の子っていうと、基本的に深窓の姫君ってイメージがあるけど、実際はもっと元気な女の子もいたんだろうなぁ」と。

前置きが長くなりましたが、今から紹介する本はまさに！　平安時代に生まれた「元気な女の子」が主人公のお話なのです。

題名は『なんて素敵にジャパネスク』。1980年代に刊行された、いわゆる「少女小説」のベストセラーのシリーズもの。

読むたび元気になる、平安時代を舞台にしたお話です。めっちゃ好き。大好き！

時は平安。主人公の瑠璃姫は16歳。この時代にあっては結婚適齢期真っ最中（むしろけっこう嫁き遅れ！）。しかし瑠璃姫は独身主義。なぜなら、

そうなんだ、現代は一夫多妻制、大なり小なりとうさまみたいな男ばっかりなのよね。紫式部のオバさんが書いた『源氏物語』の光源氏だって、なんやかやいいながら女漁りやっているし。

それで女は待っているだけ、耐えるだけ。

冗談じゃないってのよ。やっていられないわ。


とのこと。瑠璃姫的には、心に決めた今は亡き初恋の君以外、「男なんてみんな薄情」。

しかしそんな瑠璃姫も、父親からしつこく縁談を勧められるお年頃。弟ですら「姉さんも

そろそろ結婚したら？」と言う始末。わーん、結婚プレッシャー！

挙句の果てに、**父親からはばっちり初夜の段取りまで用意済みで、**殿方（ちなみに既婚）との縁談が強引に押し進められてしまう！　こ、このままだと結婚への既成事実までつくられてしまう。ぎゃー、どうすれば！

そこにたまたま居合わせたのは……ってなお話です。


日本で言う「少女」って、どうしても大人の男の人の目線からフェチシズムの対象として描かれることが多いですよね。もちろん、私もそういう耽美的な少女、すこし暗さと弱さを揺れる女の子を描いた作品、大好きなのですが。

でも一方で、「少女」は、実はそんなに弱くないぞ、と思います。

どこかで「弱くて儚くて守ってもらう立場で……」という女の子がかわいいんだと思いがちですが、『なんて素敵にジャパネスク』の中で瑠璃姫に会うと、「ああ、そーだよな、多少ダメなところがあっても明るくてパワーのある女の子って最高だよな」と思い出します。

たとえば『なんて素敵にジャパネスク』シリーズ二巻。

瑠璃姫は、幼馴染の男の子が天皇暗殺計画に関わっていると知ります。彼は当然、謀反人として追われる身。瑠璃姫は、どうにかして彼を逃がそうと苦心する。

しかし周囲の人からは「どうしてそんなことに関わるの……？」と怪訝な顔をされます。深窓の姫君であるはずのあなたが、夫でもない男の人のために、そこまでする意味あるの？　って。

だけど瑠璃姫は、こう言うのです。


「あたしたち、昔、とても仲良しだったんです。ままごとみたいに、結婚のお約束もしてたんです。

それだけで助けちゃいけませんか」


「それだけ」で彼をひとり助けに行った瑠璃姫は、運命の掛け違いからもはや謀反人となってしまった幼馴染の男の子と再会します。

そして、彼と過ごした子ども時代を思い出すのです……。


なつかしい吉野の里が、思い出されてくる。

あたしたち、ほんとにすごく楽しくて、毎日が楽しくて、今から思つと夢のようだったわね。毎日がお祭りで。

あれから何年も経って、いろんなことがあったけれど、これからも辛いこともあるだろうけれど、あの黄金のような日々を思い出すだけで、幸せな気分になれるわ。怨みも憎しみも、みんなまぜこぜで、生きていくのはなんて素敵だと、思えるわ。

もしかしたら、「弱くて受け身で」という女の子の方が人生上手くやれるのかもしれない。王子様に助けてもらえることを待つ方が、女の子としては幸せなのかもしれない。だけどこういう、瑠璃姫みたいな、逆に男の人を助けちゃうような、強くて明るくて生命力のある、女の子に出会っちゃうと、こっちに憧れざるをえないんですよね。

そしてそれは、ほかならぬ作者の氷室冴子先生の強さなんだと思うのです。しっかりと、揺らぐことのない「生きること」への肯定。

私は、瑠璃姫が再会した幼馴染の男の子へ叫ぶこの台詞が、大好きです。

《人生を狂わせるこの一言》

「駄目よ。鬼になったのなら、鬼のまま生き延びるのよ。こんなところで悟りすまされて死なれたら、怨みを残して死んだ人たちも気が抜けるわ。（中略）生きて、どこまでも生き延びて、ずっと怨念を背負わなきゃいけないのよ」

「うう、いろいろ疲れた……」とぐったりしているとき、このシリーズを読むと、いつも元気になります。それは瑠璃姫がまっとうに怒って泣いて笑っている様子を見てこちらも感情を取り戻すことができるから。そして何より、物語自体がほんっとーにおもしろくて時間を忘れて平安時代へタイムトリップさせてくれるから。

私にとっても、瑠璃姫は、永遠のヒロインです。

それに！　それに！　たとえば「後朝の歌」がどういうふうに詠まれていたかとか、平安時代の宴会の様子、宮中の決まりごとなどなど……自然に**平安時代の教養も身についてしまいます**（ほんとですよ、古典に悩む中高生は必読!!）。少女小説の傑作です。

もう日本の傑作小説百選とか選ぶとしたら、私は絶対にこの本入れますからね。読んでない人（とくに女の子！）は、本当に本当に読んでください！　人生変わりますから！
……ぜぇはあ、とまぁ愛を叫んだところで、しょうがないから筆を置きます……しかし中学生で出会ってからずっと好きなんですよこの本〜（まだ言うんかい）。

この本を読んだ方におすすめする「次の本」

『わすれなぐさ』
吉屋信子（河出書房新社）

氷室冴子がファンだったと明言している吉屋信子。「少女小説」の元祖。女学校を舞台にした、大正の女学生たちの日常と事件。刊行されたのは昭和7年だが、宝塚や映画スターにきゃあきゃあ言う女の子たちの姿は今と変わらずかわいらしい。河出文庫の嶽本野ばらによる注釈も最高なので、むかしの言葉づかいに気負わず手に取ってみてくださいな。

『大鏡』
武田友宏（編集）（角川学芸出版）

読むと「はっ、ジャパネスクあの巻のあの話の元ネタはこれか……」とにやにやできてとても楽しい、平安時代の一大歴史物語。兄弟闘争、政略結婚、渦巻く陰謀、その間に挟まれるのほほん日常エピソードなど「平安時代あるある」がてんこ盛り。今もむかしも、権力者のスキャンダルはみんな大好きなのだった。

『ざ・ちぇんじ！〈前編〉〈後編〉（Saeko's early collection）』　氷室冴子（集英社）

私が地獄に落ちてでも叫びたい、叫ばせてくれ、『ざ・ちぇんじ！』は、読んで、お願い!!!!!!　最近では『君の名は。』の元ネタにもなった日本の古典『とりかへばや物語』をこちらは氷室冴子が描いた、平安時代男女逆転ラブ・コメディ。

title : 48

古典をもっとおもしろく読みたいあなたへ

『恋する伊勢物語』

俵万智（筑摩書房）初出1992

時間 VS 言葉

私の人生を変える恋のきっかけになった一冊です！ 古典なのに、不倫ありナンパあり格差婚ありの恋愛パターン詰め込み集。

#「伊勢物語」に関するエッセイ #歌人・俵万智による解説 #高校のときによくわからなかった古典をこんなにおもしろいものだったんだって教えてくれる #受験生もぜひ！ 古典常識が身につく！ #古典ってとっつきにくくて苦手だ〜という方にこそ読んでほしい #私の人生を変えた一冊

大げさなんかじゃなく、「人生を変えられた本って何かある？」と聞かれると、私は迷わずこの本を差し出す。『恋する伊勢物語』。——え、なんでこの本？ と首を傾げられそうだけど。

真面目な話、世の中、愛がなければやっていけない。これを好き！ って思う気持ちはいつだって強いエネルギーだ。

だけどその愛はどこから生まれるのか？ と聞かれたらすこし困る。

本当に好きなものというのたいてい好きな理由が答えられないし、なんでそれを好きになったのか、と聞かれても困る。だ、だって好きなんだもん……最高じゃん……ともごもご口を動かすしかない。せめてその素晴らしいところを伝えたくて、私はこうしてあなたに向けて文章を書いているけれど。

そんなとき、ふいに私と同じものを好きな人に出会うことがある。

最初はぎょっとする。ま、まさかこの世に私と同じコレを好きな人がいるなんて!? そしておそるおそるその人の視線を覗いてみると、本当にそれを好きだとわかる。きらきらした目線で、私と同じものを見ている。うわ、そんなまさか、同志がいたのか!? この世に!? 本当に!?

そして気がつく。「え……もしかしてコレが好きな同志って、行くところに行けばもっといっぱいいるんじゃないか?」。

そうだ、コレを好きだと思う人がたくさんいそうなところに行けば、私は、この愛をひとりでもごもご完結させるだけでなくて、誰かにぶつけることができるのではないだろーか!?

もしかして、私、孤独じゃなくなる!?

そんなわけでこの『恋する伊勢物語』という一冊は、私が高校生のときに初めて伊勢物語に対する愛を共有した運命の相手であり、「もしかして大学の文学部という場所に行けばもっと伊勢物語について語ることのできる人が見つかるのでは!?」という発想に至った運命の一冊である。

……いちおうこの本のコンセプトは**「(あなたの)人生を狂わせる本」**のセレクト50冊であり、たぶん**伊勢物語に運命を感じる人はわりとマイノリティ**であり、それが**あなたである可能性は極めて低い**わけだが、まぁ、一冊くらい完全に個人的な本があっても……許されるのではないだろうか……という目論見のもとに入れた一冊である。

ごめんあそばせ。興味のない方は華麗にスルーしていただければ幸いである。

というわけで『恋する伊勢物語』だ。

日本の古典「伊勢物語」を現代語訳したこともある歌人・俵万智が、伊勢物語の解説を一段ずつエッセイ調で書いていったのだが、その解説たちをまとめた一冊。

しかし解説といってもまったく堅苦しくはない。どっちかっていうと伊勢物語の話から派生した俵万智の恋愛観の方がメインなくらい。


日本の古典作品である「伊勢物語」とは、平安貴族きっての色男・在原業平をモデルにしたと言われる男の恋愛やら出世やらゴシップやらをまとめた短編連作集である。

古典の教科書には必ず載っていたと思うのだが、基本的に国語の教科書というのはつまらない話ばかりを載せるので、まぁ忘れてよろしい。

それよりもこの『恋する伊勢物語』を読んでみてほしい。「伊勢物語」という古典作品が内包する話の多彩さに驚かされると思う。

伊勢物語には、皇后とのゴシップ話、駆け落ち、幼馴染の恋愛、遠距離恋愛による自然消滅、浮気、不倫、略奪……もはや月9もびっくりの恋愛物語たちが収められている。

「い、伊勢物語って名前は聞いたことあるけど、こんな話だったんだ〜……」と驚くことうけあいである。古典作品といえば源氏物語や枕草子ばかりが脚光を浴びるけれど、私は伊勢物語が何より好きなのだ。

俵万智は、伊勢物語の魅力をこう語る。

教科書でしか『伊勢物語』を読んでいないという人は、「恋のお話でいっぱいなんですよー」と言うと、たいていびっくりする。「三角関係あり、老婆とプレイボーイの関係あり、せつない片思いあり、浮気話あり、許されぬ恋あり、もう何でもあり」だなんて、にわかには信じがたい、という顔をする。

なんとも、もったいない話。やっぱり昔の人だって、そういうのがおもしろくて読んでいたのだと思う。おもしろいからこそ、古典として読みつがれてきたのだ。今の受験生みたいに、イヤでも読まねば、ということはない。別に義理があるわけでもない。つまらなかったら、読まないだけのことである。逆に言うと、そういう厳しい時代の洗礼を受けて、なおかつ残っているのが古典なのだ、ということになる。人の興味をひく何かがあって、当然だ。

そう、そうなのだよー！　とこの本を読んだ当時高校生だった私は頷くばかりだった。

むしろ伊勢物語は今流行っている少女漫画や恋愛ドラマや小説といったすべての恋愛物語

の原型だ。

恋愛だけじゃなくて、政治や仕事の葛藤、男の友情、そしてそこに挟まれる和歌という詩情……もうどこからどうとっても完璧な物語集なのだ。おもしろくないはずがないじゃないか。

これ以上に完璧な物語なんてむしろどこにもないよ！

そして俵万智は、伊勢物語のある話についてこう語る。

モノによって蘇る記憶というのは、次第に遠ざかって、ほどよい思い出色に染まってゆく。が、言葉によって蘇る記憶は、いつまでもナマナマしい――そんな気がする。

たとえば、写真や、かつてプレゼントされた品物や、亡くなった人の形見、といったもの。それらにまつわる思い出は、品物が古くなるにしたがって、時間のベールがかけられてゆく。

いっぽう、言葉は、古くならない。その言葉を覚えている限り、思い出は、その時の鮮度をずっと保ちつづける。

だから、愛の殺し文句は、どんなプレゼントよりも、愛を永遠にする。もちろん、それが殺し文句として、ちゃんと相手の胸を刺せばの話ではあるけれど。

言葉は、古くならない。――恋愛の記憶においてもそうだけど、物語というものも同じだと思う。

千年前に楽しまれた言葉が、多少異同があるとはいえ、今もそのまま読むことができる。もちろんもう日常語で使っている言葉とは違うからいろいろと勉強は必要だ。

だけど**千年前の言葉が何のてらいもなく「そのまま」残っていて、千年後の私がそのまま楽しむことができる**というのは、「言葉」で綴られる文学という芸術だからだなぁ、としみじみ思う。

千年前の人々を刺した殺し文句が、今生きている私の心も生々しく刺してくる。鮮やかに、一発で。――これがどんなにすごいことか。俵万智も知ってくれているのだ。


私が大好きで心から愛して恋している伊勢物語を、こんなふうに、もっとおもしろく読んでくれる人がいる！　『恋する伊勢物語』を読んで、感動したのはそこだった。俵万智は、伊勢物語を本当にいきいきとした物語として読んでいる。

この本を初めて読んだとき、感動したし嬉しかった。**やっと見つけた甘い甘いお菓子みたいな本**だった。私の大好きなものを、私以外にもっと楽しんでいる人がいるとわかったときの幸せ。もっと欲しい、と思って私は文学研究なんて場所にまでやって来てしまった。

何かを好きになって、恋をして、焦がれることは、悪いことじゃないと思う。だってそれ以外に人生を狂わせる方法なんてない、って本気で私は信じているのだ。

もしかすると、この『恋する伊勢物語』は、あなたにとってただの「つまらない物語」を実は「こんなにおもしろいものだった」とびっくりさせてくれる本かもしれない。もしかしたら、あなたを伊勢物語との恋に落としてくれるかもしれない。

え、こんなに古典っておもしろいの？　そう驚くことができれば、俵万智のくれる甘いお菓子を受け取ったも同然なのだ。

この本を読んだ方に おすすめする「次の本」

『おちくぼ姫』　田辺聖子（角川書店）

日本の古典にも「シンデレラストーリー」はあったのか！　と驚きつつ、そのおもしろさにページをめくる手が止まらないこと必至。伊勢物語に続けて読みたい、平安時代の少女漫画的物語。古典の入口にぴったり。

『源氏物語の時代――一条天皇と后たちのものがたり』山本淳子（朝日新聞出版）

『源氏物語』『枕草子』『栄花物語』……千年前の日本はどうしてこんなに今なお残るベストセラーを生み出せたのか？　その背景には、一条朝というパトロン環境があった。『恋する伊勢物語』で伊勢物語が読めるようになったあかつきには、「じゃあどうしてそんな物語が生まれたんだ!?」という疑問に挑戦してみようっ（こうして古典の沼に引きずり込もうとするわたくし）。

『竹取物語・伊勢物語（21世紀版少年少女古典文学館 第2巻）』 北杜夫、俵万智（講談社）

竹取物語を北杜夫が、伊勢物語を俵万智が訳すという「天才か!」と叫ぶラインナップの現代語訳。この『少年少女古典文学館』シリーズはどれもこれも翻訳する作家さんのセンスが大変よろしくて、子ども向けなんだけど大人が読んでもおもしろくて最高なのでぜひ読んでください（ありがとう講談社さん!）。

title: 49

自分って実はめっちゃワガママな人間なのでは……と思いはじめたあなたへ

『こころ』

夏目漱石（新潮社）初出1914

自由 vs 孤独

日本文学史上もっとも読者を狂わせる、人間の孤独の冷たさを完璧に綴った傑作。教科書で読んだよって方も、ぜひもう一度。

#日本文学史に残る傑作　#明治時代　#教科書に載ってる　#ていうか載せちゃダメなレベル　#載ってるのは一部なので全部読んでください！　#大人になってからの再読におすすめ　#青空文庫にもあるよ　#ひとりでひっそり本を読みたいときに　#文学というものの怖ろしさを知る

『こころ』を読むと、まじでいつも泣いてしまう。

む、無理〜〜〜生きるの無理〜〜〜〜と、ばかみたいな泣き言が口から次いで出る。**読むと、わかりやすくダメージを受ける。**ちょっとやそっとの状態で読むと危険な本ナンバーワンである。

よくもまぁこんなもん教科書に載せてたな、と見知らぬ教科書製作委員会(?)の方のセンスに思いを馳せる。それくらい危ないテキストだ。

『こころ』。

言わずと知れた、日本文学史に残る夏目漱石の小説だ。

——明治時代が終わろうとしている頃。「私」は、鎌倉の海で偶然「先生」と出会う。

いつしか、私は奥さんとふたりきりで過ごしていた先生の家へ出入りするようになる。しかし先生は、近しくなっても、どこか謎めいたところを残していた……というのも、先生は雑司ヶ谷へ毎月墓参りをしているのだ。

先生は、私が問い詰めても、自身の過去について何も語ろうとしない。いつか打ち明けるとは言いつつ、結局何も言わない日々が続いていた。

ある日、地元での帰省が長引いた私の元へ届いたのは——先生の遺書だった。

その遺書には、先生の過去――先生と、友人「K」と、今の奥さんであるところの「お嬢さん」の話が綴られていた。

先生がいつも墓参りをしているのは、「K」のお墓であり、「K」は自分と同じように「お嬢さん」に恋心を抱いていたのだ。

しかし先生は、「K」を出し抜き、半ば強引に「お嬢さん」との結婚を進めてしまったのだと言う……。

この小説を読むと考える。

――人は、こんなにも孤独を完璧に表現してしまっていいのだろうか?

結局、私はそれが怖くて泣いてしまう。

いくら天才的な作家だとしても、孤独や自分の痛みや恥というものを小説上で表現するとき、すこしは文章が揺らぐものだ。小説としてすこしは甘いところができたり、センチメンタルな部分が飛び出したり、これこそが人間だよな、と思うような**「欠け」た部分ができるはず**である。

なのに、『こころ』にはそれがない。本当に怖い。**なんでこんなにこのテキストはつめたく**

て完璧なんだ、と、その冷ややかな触感に怯える。

人はこんなにも自分を制御して、一文の抜かりもなく、完璧な物体として作品をつくることができるんだろうか？　**孤独、なんていうこの世でいちばんデリケートなものを、なぜここまで制御して描くことができるのか。**１ミリの隙もない硝子細工を、漱石はどうしてつくることができたのだろう。

たとえば、「先生」の遺書の中で、自分の友人Ｋが自殺したことを知る場面。

私は突然Ｋの頭を抱えるように両手で少し持ち上げました。私はＫの死顔が一目見たかったのです。然し俯伏になっている彼の顔を、こうして下から覗き込んだ時、私はすぐその手を放してしまいました。慄としたばかりではないのです。彼の頭が非常に重たく感ぜられたのです。私は上から今触った冷たい耳と、平生に変らない五分刈の濃い髪の毛を少時眺めていました。私は少しも泣く気にはなれませんでした。私はただ恐ろしかったのです。そうしてその恐ろしさは、眼の前の光景が官能を刺戟して起る単調な恐ろしさばかりではありません。私は忽然と冷たくなったこの友達によって暗示された運命の恐ろしさを深く感じたのです。

――日本文学史に残る名場面である。

だって自分の裏切りから親友が自殺し、その死体を初めて見るときの描写として……これ以上の文章があるだろうか？

恋愛のいざこざなんて若いうちはよくあることだし、誰かを裏切ることなんて人生に一度や二度あっても仕方がない。だけど、たとえその裏切りが「仕方がない」ものだったとしても、それはもう一生「取り返しのつかない」ものになってしまった――「先生」はそう悟る。自分の手で抱いた、Ｋの死顔を見た瞬間に。

先生はただ、怖ろしかったのだ、と言う。死体のグロテスクさではなく、この死体によって決定づけられた、自分の運命が。

この女性が欲しいというエゴイスティックな欲望から、友人を出し抜き、結果的に友人は自殺した。その自殺によって、先生は一生消えない呪いを受け取る。自分のエゴイスティックな振る舞いの結果を拭い去る方法は、もう存在しない。**自分は「そういう」人間なのだという刻印として、このＫの頭の重さは、ずっとずっと記憶に刻み続ける。**

一度間違えたことは、消えない。取り返しなんか一生つかない。

ただ、その取り返しのつかなさだけが、小説の中で、文章として孤独にぽつんと浮かぶ。

私たちはいつでも自分がかわいくて、他人のことなんか考えられなくて、いつでも間違う。だけど間違ったら、間違ったまま、取り返しなんかつかない。それは呪いによって残るしかない。**呪いの先はどこにも行かない。私たちに突き刺さるだけだ。**

私たちはぱっくりと傷口を開き、血をだらだらと流すしかない。傷つくこと以外にできることなんてない。

だけど誰かを傷つけてでも押し通してしまう自分のエゴと、それを割り切れない矛盾の葛藤。そしてそこから生まれるどうしようもない、ひんやりとした孤独。

孤独なくせにそのエゴを持ってしまう自分自身に、『こころ』を読むと気づいてしまうのだ。

《人生を狂わせるこの一言》

自由と独立と己れとに充ちた現代に生れた我々は、その犠牲としてみんなこの淋しさを味わわなくてはならないでしょう

『こころ』の有名な一文だ。

結局、人は孤独に気づくから、その淋しさに耐えられないから、本を読むんだと思う。**せめて誰かと何かを共有したくて。せめてその淋しさで誰かとつながりたくて。**

今日も、どこかの教室で『こころ』が読まれるのだろうか。淋しくてしょうがないくせに他人なんか知ったことかと笑う高校生たちに、「先生の遺書」のページがめくられるのだろうか。

どう思いますか、拝啓漱石さま。

この本を読んだ方に おすすめする「次の本」

『先生とわたし』 四方田犬彦（新潮社）

「師匠と自分」系譜のうちの一冊。学問の師匠との蜜月と別れを綴った自伝的エッセイ。『こころ』に「かつてはその人の膝の前に跪ずいたという記憶が、今度はその人の頭の上に足を載せさせようとするのです」という台詞があるけれど、師弟の関係はいつの時代においても、切なくて苦しくて、ちょうどいい塩梅ってものがないから、困る。

『野上弥生子随筆集』 野上弥生子（岩波書店）

師匠・夏目漱石との関係について言及がある、野上弥生子の随筆集。旦那の師匠だった漱石に文章を見せたときから、野上弥生子の文筆業は始まった（それが子どもを産んでも年をとっても、100 歳近くまで書き続ける人生の幕開けであった）。

『漱石はどう読まれてきたか』 石原千秋（新潮社）

本屋に行けばなぜか「漱石本」が大量に並んでいる。しかし実際、夏目漱石はどのように批評されてきたのだろう？ 明治時代から現代に至るまで、日本近代文学批評の歴史を見るとともに、たくさんの批評家たちに遊ばれてきた漱石の小説を見る。すぐれた物語は様々な読み方を許容する。『こころ』と合わせて読んでみたい一冊。

title : 50

この世でいちばん切ない小説を読みたいあなたへ

『わたしを離さないで』

カズオ・イシグロ（土屋政雄訳・早川書房）初出2005

生きるってすばらしい

VS

生きるってかなしい

とりあえず私が今この世界でいちばんの傑作だと思う小説です！　読んで!!　今の時代、「善」とされない方向へ傾きます。

#海外文学　#21世紀の小説の中で最高傑作　#映画化もされた世界的ロングセラー　#SF設定　#イギリス「タイム」誌のオールタイムベスト100（1923～2005年発表の作品が対象）に選出　#綾瀬はるか主演でドラマ化　#翻訳も素晴らしい　#「いい小説」を読みたいときに

あー最後までやってきた。やれやれ。ここまで長かったですねぇ。最後に紹介するのは、——今まで読んできた本の中で、ていうか世の中で出版されている本の中でいちばんの傑作だ、と私が信じて疑わない小説です。

ヘールシャムでの最後の数年間、十三歳から十六歳で巣立つときまでをお話ししましょう。わたしのヘールシャム時代の記憶は、最後の数年間とそれ以前という二つにはっきり分かれています。これまでは、「それ以前」のことをお話ししてきました。一年一年の区別も判然とせず、全体として黄金色の時が流れたという印象が残っています。当時のことを思うと、嫌なことも辛いこともひっくるまで心がほのぼのとしてきます。

田舎をあちこち移動していると、いまでもヘールシャムを思い起こさせるものを目にします。霧でかすむ野原の片隅を通り過ぎ、丘を下りながら遠くに大きな館の一部を望み、丘の中腹に立つポプラの木立を見上げて木の並び方にはっとする。そんなとき、「あっ、ここだ」と思います。「見つけた。ここがヘールシャムだ」と。でも、ありえない……。そう自分に言い聞かせて、またとりとめのない思いに戻り、運転をつづけます。

私がまだ小さかった頃、**「大人はどうしてあんなに長く、死なずにいられるのだろう？」**と思ったことがある。

……子どもっつーのは時にオソロシイ生き物だ。今の私が10歳やそこらの女の子にこんなこと聞かれたら、「え、大丈夫？　何か悩みでもある？」と思いっきり心配してしまう。

しかし特に当時の私に深刻な悩みがあるわけではなかった。親が死んで家なき子になっているわけでも、強烈なイジメにあっているわけでもなかった。

ただ10年も人生を送っていれば、**「ああ生きるのってけっこう面倒だぞ」**という予感を抱くようになる。

そこに人がいればなぜかこちらを嫌ってくる人もいるし、嫌な教科にもまだまだ付き合わなくてはならない。そのうえ大人になったら毎日へとへとに疲れながら仕事をしなくてはならないらしい。

うわー、人生、けっこうめんどくさそうだぞ！

幼い私は強烈にそう感じていた（めんどくさいだけで「じゃあ死んだら楽なのでは」とか考えるあたり、私のめんどくさがりっぷりがわかるエピソードで恐縮なのですが……）。

しかし大人は、私の何倍もの時間を「死なずに」過ごしている。

そりゃ死ぬのは絶対痛いし大変だ。けど、この先今よりずっとずっと大変になるであろう人生を何十年も過ごすよりも、えいやっとがんばって死んでしまった方がよっぽど楽だろう。なのに、なんで大人は死なずに、生き続けているんだろう？

そんなことを考えているとき、10歳の私は、ふと**「じゃあなんで私は今死んでいないんだろう？」**と思った。

……まぁ、痛いのはイヤだからだな。まずそう思った。死ぬのは痛そうだしけっこう大変そうだ。

じゃあ、痛くなく死ねるよって言われたら、私は今死ぬんだろうか？　そう考えたとき、思った。「うーん、まだ死ねないなぁ」。

なぜか。それは、「だってまだ『夢水清志郎シリーズ』で読んでない巻あるし、来月号の『りぼん』も読みたいし、図書室の読みたい本読み切ってないもんな。楽しみな本や漫画の新刊を読んでないうちに死にたくないなぁ」。

うん、私はまだ死ねないぞ。

そう思ってさよならの挨拶をして軽やかにランドセルを背負い直して、私はふと気がついた。

「あ、そうか。**大人も、死ねない理由がいっぱいあるから死んでないのか**」。

たとえば家族を持って子どもができて、やっぱり子どもを残して死にたくはないと思うものだろう。あるいは仕事でえらくなって、せっかくえらくなったのにまだ何もやってないと思ったらまだ死ねないだろう。それから楽しみな本や漫画も、大人になったらもっと増えているんだろう。

そっか、生きるってつまりは死ねない理由が増えることなんだな！

そうかー、なるほどー、と自分で感動しながら歩いたあの帰り道を、私は今でも鮮やかに思い出せる。

もちろん今となってはツッコミどころがたくさんある。おいおいそもそも命の重さとか親への感謝とかさ、と今の私は当時の私の肩を掴んで問い質したい。

しかしいまだに私は「うげっしにたい……」と思うようなことがあっても、「や、私にはまだ読んでない本が山ほどあるし、生きる！」と思って気を取り直す。

人生を続けるのは、死ねない理由——つまりは大好きなものや愛着を持つものを増やすことであって、だったら生きるってけっこう楽しいことだよな、と私はいつも思っていた。

……この本を読むまでは。

前置きが長くなったけれど、問題はここからだ。大人になった私は思うのだ。

「そうはいっても、人間って死ぬんだよなー」と。

『わたしを離さないで』――この本を読んだから。


あの人は、きっとヘールシャムのことをただ聞くだけでは満足できず、自分のこととして――自分の子供時代のこととして――「思い出したかった」のだと思います。使命の終わりが近いことはわかっていました。ですから、わたしに繰り返し語らせ、心に染み込ませておこうとしたのでしょう。そうすれば、眠れない夜、薬と痛みと疲労で朦朧とした瞬間に、わたしの記憶と自分の記憶の境がぼやけ、一つに交じり合うかもしれないではありませんか。


『わたしを離さないで』。

この本の中で、登場人物たちは、**つねに自分の身体をすり減らしながら「残り時間」を意識する。**自分の命の残り時間。SF的設定の舞台上で、彼らはあとどれくらい自分の身体が「もつ」のか推し量る。ヘールシャムという校舎で過ごした、自分の子ども時代の記憶を反芻しながら。

だけどこの小説を読んでいくうち、それは何もクローン人間とかSF設定だからとかいうわけじゃなく、現実世界に生きる人間の私たちだって同じなのだ、と気づく。

私も彼らと同じように、自分の身体や命を使いながら、**仕事や家庭を通して何かを世界に「提供」し続けて、最後はこの世界から離れる。**

私が**死にたいと思うか思わないかなんて関係なく、**私たちは無念だろうと無念じゃなかろうと、**ささやかに死んでゆく。**

世界からぽんってゴミを放り投げられるみたいに。

それはもう、私が死ねない理由を持っているかどうかなんて、どうしようもないところで。

人は死ぬのだ。

当たり前だ。

命が有限だなんて知らなかったよなぁ、と今になって思う。

『わたしを離さないで』を読むと、生きるってそもそも切ないことだって気がつく。

だって小さい頃から、死ねない理由をかき集めて、増やして、まだ死ねないって思ったものが増えたところで、みんな死ぬんだもの。

誰かとずっと一緒にいたいと願ったり、すごくすごく大事なものを見つけたり、帰りたい場所を知ったり、忘れたくない記憶を抱えたところで、私たちはいつか**それらと全部離れる。**

もちろんその「死ねない理由」そのものであったところの誰かも、いつかは離れてゆく。死ねない理由を見つけては、それを失って、また見つけて、そして私たち自身もいつかは失われてしまう。

あんなに小さいときに好きだった宝物も、いつかは色褪せて見えてしまうみたいに。

けっこう悲しいことだけど。

だけど——同時にこうも感じる。

「死にたくない」と叫ぶ誰かに、ぎゅっと寄り添う人がいるだけでそこにあたたかい何かが生まれる。それは恋人だったり家族だったり友達だったり、見ず知らずの誰かだったりする。その、**寄り添ってくれる人のことを、カズオ・イシグロは丁寧に描いてくれる。**

生きることは切ないんだけど、ああその切なさをこの作家さんはわかっているんだ、って想うだけで、私は、ちょっとだけ心が柔らかくすくわれる。

《人生を狂わせるこの一言》

木の枝ではためいていているビニールシートと、柵という海岸線に打ち上げられているごみのことを考えました。半ば目を閉じ、この場所こそ、子供の頃から失いつづけてきたすべてのものの打ち上げられる場所、と想像しました。

死や喪失を意識することは重いしへこむけれど、けどそれを知って初めて見つけられるものもある。

生きるって素晴らしい、とか、愛は世界を救うなんて言われるよりも、死にたくない、離さないで、なんて叫び声に人生を預けたくなるときもある。

喪失したもののありかを教えてくれる神様にだけ、打ち明けたくなる秘密もある。

「小説」の力みたいなものがあるとすれば、きっと、そういうものなのだ、と私は思う。

この本を読んだ方に おすすめする「次の本」

『幽霊―或る幼年と青春の物語』
北杜夫（新潮社）

「人はなぜ追憶を語るのだろうか」という書き出しから始まる小説。いなくなった母親、女の子への憧れ、昆虫を集めた日のこと……「少年が終わる」日というのはどうしてこんなに切ないんだろう？「記憶」と「大人になること」を巡る小説。

『讃岐典侍日記』　森本元子（講談社）

時代は平安末期。堀川天皇に仕えた讃岐典侍の回想録となっている古典作品。これの何が名作って、語り口だ。その語り口は冷静で、リアルで、「帝が死んだのに涙が出ないな」なんて言う。しかし、その抑えた語りの間に、ちらりとだけ感情がこぼれる。『わたしを離さないで』も同様の語り口だと思っていて、「感情を抑えた追慕と、そこに微かに見える感情の揺れ」というのは今もむかしも人の心を打つんだと思う。

『図書館の海』　恩田陸（新潮社）

「懐かしさ、それだけが僕たちの短い人生の証拠だ」──この短編集の最後に収録された『ノスタルジア』という短編小説の中の一節である。『わたしを離さないで』もまた「懐かしさ」を語った小説だと思うけれど、それって結局物語とか小説自体の根源的な役割なのかもしれない、と思うのだ。

あとがき

重すぎる　愛はいつでも　きもちわるい（5・7・5）。

さっきまで自分の文章を読み直していたのですが、本への愛が重たすぎてキモいなぁ、ちょっと愛を詰め込みすぎたなぁ、としみじみ反省しました。若気の至りで済ませたいところですが、いかがでしょう……。

「本を紹介する本」というコンセプトだったのに、ただの公開ラブレターになってしまいました。もちろん相手は本の神様。

これを読んでくださっているあなたはいかがでしたか。引いてませんか。

え、まだ読んでない？　ぜひ読んでください！　読んでくださった？　本当にありがとうございます！　大好きですっ（ってまた愛……）。


でもやっぱりね、キモいけどね、本が好きです。

聞いてください。この間ね、私、不審者になったんですよ。

バイトで大阪に向かわなくてはならなかったのですが、いろいろあって寝てないわ疲れたわ低気圧だわのフルコンボで「も、もうむり人生むり」などと甘えた戯言が頭の中をぐるんぐるん。発作的にふらりと途中の天満橋駅で降り、その足で駅ビルの本屋に向かったんでね、ふらふら頭の回っていない状態で本屋を徘徊していたら（すでに不審者）。ふっと、目が合った本がありまして。

『ガラスの仮面1（白泉社文庫、美内すずえ先生作）』。

朦朧とする意識の中で、その美しき漫画を手に取りレジへ向かい、気がつくと、駅のホームでぼんやり『ガラスの仮面』を読んでいたのですが……。

いやぁ、……効いたよね！

世界最強の精神的ドーピング漫画、『ガラスの仮面』！

読みはじめると目が漫画の一コマ一コマに張り付いて、それまで「むりむりねむいむり」しか駆け巡っていなかった私の頭、フル回転。主人公・北島マヤの一喜一憂に大感激大興奮。平日の天満橋駅のホームで大号泣（不審者以外の何者でもない）。（※知らない方のために注釈しておくと、『ガラスの仮面』とは異常なまでにおもしろい演劇少女漫画です。読んだことない方はぜひ）。

一巻を読み終えた頃には叫んでおりました、「私、女優になる……！」（嘘）。

まぁ女優にはなりませんが、ほんっとーに元気をもらい、駅員さんに不審な目で見られつつも生きる気力を回復させ、無事バイトに向かったのでした。ありがとう、『ガラスの仮面』！実は何度か読んだことあるけど、読むたびに新鮮な元気をありがとう！　愛してるよっ！

……とまぁ、これはある日のマイ不審者体験なのですが。なんというか、これに類する記憶が私にはたくさんたくさんありまして。

本に助けてもらった記憶。
人には言えない言う必要もない、だけど、たしかにあのとき「あの本」が私をすくってくれたんだ、という記憶。

そして本は、私だけじゃなくて、あなたのこともきっと助けてくれるんですよ。
もうやだって泣きたいときとか、この先一生楽しいことないんじゃないかって絶望したとき、本を読めばいいんです。本は、どうにもならないあなたの人生をちゃんと動かしてくれます（時には狂わせてきますけどね！）。
だって、心底つらいときしんどいときあるいは何かを選ばなきゃいけないとき、たいてい、他人はそばにいないじゃないですか。

たとえ他人が支えてくれたとしても、「そこ」で自分の人生を動かすのは自分しかいないし。

だけど、「本」は、ほとんど唯一「そこ」にいてくれる他人なんですよ！

ひとりのとき、ふっと本に手を伸ばして、何かを感じて考えて受け取って、それがあなたの秘密としていっぱい降り積もって、その降り積もった何かがエネルギーになる。

他人に邪魔されることのない、「がんばるぞ」って自分を励ます元気になる。一歩踏み出すきっかけになる。

時には、本っていう神様が、「だいじょーぶ、もっとキツイことしてる人はたくさんいる！」とか「こう戦えばいいいんだよ！」とか教えてくれる。「ほら、こっち来なよ」って誘ってくれたりする。


だからこそ、あなたがきついときつらいとき、誰もそばにいないとき。どうか、本だけでもそばにいてくれますように――そんな願いを込めて、私はこの本を書きました。

私の好きな本たちが、いつかのあなたを助けてくれますように。


この本を通して、あなたの人生をちょっと豊かにしてくれるような、毎日を戦う元気や勇気や刺激をくれるような、そんな本との出会いをお届けできていたら――これより嬉しいことはありません。

さてさて、最後になりましたが、感謝の気持ちを込めて。長い謝辞になりますが、すみません言わせてください！

まずはどこの馬の骨とも知れない小娘に「本を書きませんか？」と仰ってくれた、大塚さん高野さんをはじめとするライツ社の皆様。本当にありがとうございました。まじで「こんな、私が本を紹介するだけの本なんて誰が読むんだろう……」と500回くらい思いましたが、そのたび「いや大塚さんがいてくれるし！」と無責任に気を取り直していました。こんな素敵な機会をつくってくださって、本当に感謝し尽くせないです。ありがとうございます。

そして素敵すぎる表紙を描いてくださった今日マチ子さん。『百人一首ノート』をダ・ヴィンチで読んでうっとりしていた高校生の自分に、「君の本の表紙描いてくれるってよ」と言ってやりたいです。ありがとうございます！

さらに、最強かつ最高の帯文を書いてくださった有川浩さん。すっごくすっごく嬉しかったです。もう10年くらい大ファンですが、これからも大ファンです。本当にありがとうございます。

また、「天狼院のホームページに何か書いてよ！」と言ってくれた三浦さんをはじめとする、天狼院書店のスタッフ及びお客様方。たくさんの出会いをくださった本屋さん、図書館、古書店さんたち。ありがとうございます！　これからもお世話になります！　愛してます！

それから、本と出会わせてくれた両親、弟妹犬、いつも応援してくれる祖父母、世界一尊敬している（しかしこれを見られないことを祈っています）京大の先生方、日々お世話になり過ぎている友人各位、ほかにも、私と出会ってくれたすべての人へ。

もちろん、この本を読んでくれているあなたも。

ありがとうございます。

あなたと本の素敵な出会いがありますように。

そして何より、私と出会ってくれたすべての本たちへ。

いっぱい人生を狂わせてくれてありがとう。人生楽しいです。

少しは、この本が恩返しになるといいなぁ。

三宅香帆

著者・プロフィール

三宅香帆（みやけ・かほ）

高知県出身、1994年生まれ。京都大学大学院人間環境学研究科に在籍中の大学院生。その一方、開店以来、書店業界にディープインパクトを与え続けている天狼院書店（京都天狼院）のオープニングスタッフとして採用され、現在も働いている。2016年、天狼院書店のウェブサイトに掲載した記事「京大院生の書店スタッフが「正直、これ読んだら人生狂っちゃうよね」と思う本ベスト20を選んでみた。≪リーディング・ハイ≫」がハイパーバズを起こし、2016年の年間総合はてなブックマーク数ランキングで第2位となる。本好きのSNSの間でその選書センスと書評が大反響を呼び、書籍化に至る。大学院での研究領域は国文学で、テーマは「万葉集における歌物語の萌芽」。一語一語を解釈して精読することによって歌や物語をちゃんと読めるようになることが現在の目標。卒業後は博士課程進学予定。ブックオフに開店と同時に入り浸って不審な目で見られる小学生だったが、今や深夜に本屋をうろついて不審がられる日々。ちなみに人の本棚フェチ。

挿画・プロフィール

今日マチ子

漫画家。1P漫画ブログ「今日マチ子のセンネン画報」の書籍化が話題に。4度文化庁メディア芸術祭審査委員会推薦作品に選出。戦争を描いた『cocoon』は「マームとジプシー」によって舞台化。2014年に手塚治虫文化賞新生賞、2015年に日本漫画家協会賞大賞カーツーン部門を受賞。短編アニメ化された『みつあみの神様』は海外で20部門賞受賞。近著に『ぱらいそ』『百人一首ノート』『猫嬢ムーム』等。

人生を狂わす名著50

２０１７年10月１日　第一刷発行
２０２４年12月12日　第八刷発行

著　者　三宅香帆

発行者　大塚啓志郎・高野翔
発行所　株式会社ライツ社
兵庫県明石市桜町２－22
TEL　078-915-1818
FAX　078-915-1819
印刷・製本　シナノパブリッシングプレス
装　丁　宮田佳奈
挿　絵　今日マチ子

Edited by Keishiro Otsuka
Assisted by Sho Takano,Kazuya Arisa,Yukiko Yoshizawa

ISBN　978-4-909044-06-8
HP　http://wrl.co.jp
MAIL　info@wrl.co.jp

本を読む人、読まない人、あなたはどちら派？
本は一服の清涼剤、精神安定剤ですよ。
本真会顧問・書店アドバイザー　藤田能広

本当に大学院生 !?
百戦錬磨の大人と、本気で人生ゲームをやってる気分になりました。
トーハン　ほんをうえるプロジェクト　吉村博光

「書く」ことだけでなく
「読む」こともクリエイティブな営為なんですね。
読書することがなんだか誇らしくおもえてきます。
BOOKS ルーエ　花本武

文学は、今後も彼女に叡智を与え続けるだろう。
しかし著者が本と向き合い格闘する様は、ひた向きで人間臭い。
本書は、**彼女の奮闘記とも言える書評集**である。
枚方 蔦屋書店　大江佑依

うん、うん。この本私も読んだ。懐かしいなぁ。あ、この本面白そう！　読みたい！
本が大好きな友達から、こっそりと大切なおすすめの本を教えてもらっているような。
そんなうきうきとした気分になれる本。
大垣書店イオンモール KYOTO 店　辻香月

貴き感受性と、知的好奇心よ！
気をつけて。
著者は本気で貴方の人生を狂わせる気です。
須原屋本店　草皆明子

ジャンル関係なく本当に「本」が好きなんだなぁ。
紹介の仕方も面白くて、そそられました。
紀伊國屋書店グランフロント大阪店　林那美

まさに「本のための本」。
本を愛しているからこそこんなに熱い気持ちのこもった文が書けるんだと思いました。
Like じゃなくて Love なのが伝わりました。
紀伊國屋書店広島店　山田理紗